禅の夜明け

敦煌で発見された初期の禅の文献

J. C. クリアリー 著（英訳）
柏木 栄里子 訳

ナチュラルスピリット

ZEN DAWN
by J. C. Cleary

禅の夜明け

――敦煌で発見された初期の禅の文献――

禅の夜明け ——敦煌で発見された初期の禅の文献——

目次

はじめに

本書で英訳した三編の禅の瞑想の手引書は、現存する中国禅の文献のうち、最初期のものです。当の中国においてもその存在を長く忘れ去られていましたが、二十世紀に入ってから、中国西部の敦煌で発掘された唐代の資料の中から再発見されました。

この三編が書かれたのは八世紀前半で、大半の禅文献（その後五世紀の間に中国で書かれた）よりもはるかに古いものです。かつて定説とされていた禅の歴史に、いささか異なる視点をもたらした歴史的資料として重要であり、当時の禅師の手法——その理論と実践——をそのまま今に伝える、貴重な禅の資料です。

これらの初期の禅の文献を後世の有名な中国禅の文献と照らし合わせると、二つのことが明らかになります。一つ目は、禅は経典・論書を用いる大乗仏教と共通の見地に立ち、同じ目的を目指していることです。これは本書に収録した初期の文献にも、また後代の禅の文献にも堂々と書かれている事実です。禅師は経典や論書をふんだんに引用しつつ、日常生活でその理論や手法を実践することによって指導していたことが読み取れます。二つ目は、これらの最初期の禅の文献は、いわゆる「北宗《ほくしゅう》」禅のものですが、内容的にも、その文体すらも、正統な歴史として語り継がれてきた「南宗《なんしゅう》」禅と完全に一致していることです。仏教の中心を担う師の教えにおいて、あるひとつの「哲学的立場」を声高に主張して肩入れするなど論外なのです――そんなことをすれば、仏教のあるべき教えの規範に背くことになるからです。

この二つのことは、禅宗の原典に親しんでいる方にとっては、驚くに値しないでしょう。禅は経典と同じ目的に根ざしており、一見いかに違って見えようと対立することはありえない――このことについて雄弁に語る文章を、必ずどこかで目にしているはずだからです。同様に、多くの熟達した指導者が、北宗禅と南宗禅に分裂したことは禅の本質ではなく、こうした宗派主義的な態度は、禅師の教えを誤って解釈したことによって生まれたものであると、強調しています。

しかしながら仏教史においては、仏教は宗派間の対立によって理解するのが最も分かりやすい、という論調が当たり前のように受け入れられてきました。仏教の各宗派の教義は、宗教的論争のために開発された道具であり、パトロンを惹きつけ、人気を集めるために編み出されたイデオロギーであるとみなされてきました。ある宗派が栄えるということは、上流階級の後ろ盾と名声を勝ち取ったことと同義であり、パトロンを失うことはその教えの衰退と同義であると考えられてきました。こういった見方の根拠として、その主義主張を裏付けるような文章だけが断片的に引用され、全体としての意味は意図的に無視されてきました。特に、原典から読み取ることのできる、仏教の人間的なリアリティは、顧みられることがありませんでした。

その結果できあがるのは、手法の初歩的な誤りによって骨抜きにされた偽りの歴史でしかありません。この種のアプローチは、原典の中から仏教史の人間的側面を適切に表すパラダイムを導き出すのではなく、「現代社会」で普通もしくは可能とみなされている人間の動機とその枠内の経験を仏教の歴史にただ当てはめるだけです。そのような勝手な先入観をもって見た結果、仏教の教えが形成される過程で働いていた主な要因は、個人的な野望やライバル心、パトロン欲、政治的陰謀、宣伝合戦、神話やファンタジーによる思想誘導や自己欺瞞だったとみなされてしまうのです。こうして、現代社会での常識でしかないものを、普遍的かつ客観的な視点にまで引き上げた色眼鏡を通して見るとき、原典に息づく仏教の教えの意図や働きといったものは、視野から完全にこぼれ落ちてしまいます。

仏教の社会史を原典に求めると、そこには歴代の優れた指導者の多くの言葉があり、人間的な現象としての仏教の社会学的・心理学的側面について、貴重な情報を得ることができます。たとえば、当時の人々の典型的な心のありようや仏教に興味を持つに至る肯定的／否定的動機、習慣化したパターンやものの見方を変えようとするときに直面しがちな壁、真なる教えが備えるべき必須条件、指導者や弟子に求められる資質などです。仏教の周辺で生じているひずみや悟りの道をはばむ誤解や神秘化についての分析などもあります。偉大な指導者の記録は、仏教の教えの見本を当時のままに伝えてくれます。その情報をすべて丹念に見ていくことで、仏教史を人間的に理解するためのより適切な概念的フレームワークに至ることができます。

真っ先に気付くのは、仏教の教えは、特定の聞き手や特定の状況におけるニーズに合わせて工夫をこらした方便として意図されていることです。仏教の言葉は教義として意図されているものではありません。そもそも仏教では、真理は概念的に定義したり言葉でとらえたりできるものだとみなされていないのです。教えは、それを聞く人々を悟りに導くための道具としての真価を発揮できるよう、さまざまに言い換えられます。このような宗教の教えというものへのとらえ方の独自性からして、仏教はあるべくして多様であり、固定された教義というものは存在しません。「法《おしえ》を毎度同じように説いたとしたら、教堂の前に生えている草が十尺にも伸びるだろう」と、ある禅の格言にあります。仏教の教えは、病気を治すことにたとえられます――病気の数だけ薬があります。悟りを開いた師は、腕の良い医者のように病気を診断し、ひとりひとりに合った薬を調合して処方するのです。

仏教の指導者が弟子に悟りの道を説くときの概念構造は、静的な構造ではありません。弟子の中にある概念や動機のパターンと相互に作用して、弟子の心を巧みに変容させる意味をもつよう仕掛けられた、動的な構造なのです。この構図は特に禅において顕著ですが、『華厳経』や『法華経』など幅広い経典にも見られます。このような性質をもつ思考体系を、いくつかの短文によってかいつまんだ「哲学的立場」から要約することなど不可能です。真の意味はそれほど単純ではありません。そのような哲学的な要約からひねり出された仏教の「知的な歴史」が、真実に忠実であるはずがないのです。

仏教の真の指導者になるためには、非常に厳しい条件をクリアしなければなりません。本物の指導者は、自分自身が独自に悟りに達している必要があるだけでなく、「仏法」として知られるさまざまな指導法を完全に会得していなければなりません。実際、現代世界の仏教の中核をなしているのも、そのような指導者たちです。その時、その場所で必要な仏教の教えを分かりやすいかたちに翻案しながら、伝えているのです。先代の師が遺した偉大なる教えにいかに忠実であろうと、いかに信心深かろうと、既存の手法を丸暗記して繰り返すだけ、教義教説を律儀に守るだけでは、仏教を生きたまま保つことはできません。

このような真の指導者について考えることで、仏教の社会史に「中心―周縁」のモデルが提起されます。悟りを開いた指導者たちがいる「中心」は、仏教の真の活力の源泉です。彼らがもつ人々を変容させる力は社会に直接影響を与え、彼らが考案した教え方も社会へと広がって、大小さまざまな影響を与えます。「中心」の指導者に近しい者たちは、指導者の助けによって自ら悟りを開き、自分自身も指導者となりうる能力を獲得するかもしれません。また、「中心」の近くにいる他の者は、悟りにはあと一歩届かなくても、教えを歪ませることなく広く普及するパイプ役をつとめるのに十分な程には目覚めるかもしれません。「中心」の気風から少し離れたところにいる者は、悟りを開いた指導者に気持ちを鼓舞され、畏怖と尊敬と党派的な信仰心を起こすかもしれません――その中には、彼らが偉大なる師のメッセージであると受け取ったところの教えの模倣者や支持者になる者もいるでしょう。「中心」の指導者から発する影響の円の「周縁」部にいる者には、教えが文化や習慣に副次的に影響を与えることによる、弱い間接的な影響が及ぶかもしれません。現存する仏教文献を紐解けば、これらの三つの例をすべて見ることができます。

仏教は一般社会の中にあったため、党派心、嫉妬心、教条主義、組織間の対立、政治的しがらみなどの世俗的な受け止め方や動機に取り巻かれることは避けられませんでした。何世紀も前から、「中心」の指導者らは、そのような傾向が仏教を歪ませ、人々が仏道に入るのをはばんできたのだと鋭く分析していました。仏教とは一体何かということについて、「中心」の指導者らの見方を取りいれるならば、これらの「あまりにも人間的な」現象は、真実の教えの「周縁」における歪《ひず》みの影響として解釈しなければなりません。実際のところ、教えの化石化と丸暗記的な盲信に陥りがちな傾向を中和するために、悟りを開いた指導者がまさに必要なのです。

このように考えると、仏教史が「周縁」の現象のみに注目して、「中心」の教えの輝きを無視するなど、あってはならないことです。歴史家は「周縁」の社会学、心理学、文化的伝統だけでなく、「中心」のメッセージにも精通している必要があります。つまり、記録として残っている文章を読むときは、自分の主義主張を裏付けるキーフレーズを抜き出すために上っ面をすくい取るような読み方をするのではなく、その文化のロジックに則って、マクロ的に調査し、理解する必要があるということです。仏教の歴史を人間的リアリティに忠実に紐解くためには、「中心」の指導者の中核的な役割を認識した上で、「周縁」にあるさまざまな地域との関係やその影響をたどらなければなりません。

幸運なことに、中国における初期禅宗の歴史については、当時の禅宗の諸宗派の信者間の党派的対立の状況を描写しつつ、「中心」の意図に敬意を払っている文献が残っています。それが『禅源諸詮集都序《ぜんげんしょせんしゅうとじょ》』です。著者は、中国の華厳宗第五祖としても有名な禅師、圭峰《けいほう》宗密《しゅうみつ》（七八〇年～八四一年）です。宗派間の抗争と、頓《とん》の教え（階梯を経ないで速やかに悟りに到達する教え）と漸《ぜん》の教え（低いところから高いところへ段階的に悟りに到達する教え）という教義上の違いが、初期の禅の教えを形成する上で中心的な働きをしたと主張する学者らは、八世紀頃の禅について宗密よりも深く理解している、もしくはより多くの情報を持っていると言っていることになりますが、それははなはだ疑わしい主張です。

宗密の文章は、初期の禅宗における北宗と南宗、頓と漸の違いの真の意味を私たちに示してくれます。九世紀の唐の政治家であり、熟達した禅者であった裴休《はいきゅう》は、宗密が取り組もうとしていた問題を次のように解説します。

如来がこの世に現れて教えを確立し、菩薩が人々の間に入ってそれぞれの病気に合わせた薬を処方するようになって以来、時代ごとに、奥深いものから表面的なものまで、さまざまな教えの手法が考案されてきました。一なる真実の浄《きよ》らかな心をもって、人というものの内なる本性と外なる現れについて、さまざまに異なる教えを述べられたのです。……

［ここで裴休《はいきゅう》は、唯識学派、中観派《ちゅうがんは》、天台宗、慧能《えのう》、神秀《じんしゅう》、神会《じんね》、馬祖《ばそ》の各宗派や、牛頭宗《ごずしゅう》などについて言及］

インドでも中国でも、仏教には実に多くの宗派が入り乱れています。病気の原因は無数にあるため、薬も多岐にわたるのです。［本物の師が教えるときというのは］その人の潜在的な才能や器を見て教えるので、いつも同じになることはありえません。一見違って見えたとしても、そのすべてが悟りへ通じる門であり、すべてが真実の道なのです。

しかし、各宗派の信者の中に、このことを理解している者はごくわずかで、［特定の教義に］にとらわれている者が多くいます。そのため、ここ数十年の間、教えが壊れつつあります。［弟子たちは］それぞれの師匠から受け継いだ教えを、自分の宗派を宣伝する看板のように使っています。経論の言葉を、あるときは槍として攻撃につかい、あるときは盾として防御につかい、いがみ合っています。仏の教えは、それが自宗のものなのか、他宗のものなのかによって高低がつけられています。何が正しい教えで、何が間違っているのか、こじれすぎて、もはや誰にも分かりません。このように、先人たちが残してくれた仏と菩薩の教えは、今や論争の材料として使われています。後世の人々が、煩悩や病を増やしている始末です。こんなことが何の役に立ちましょうか。

圭峰宗密大師は、これを長い間憂えておいでで、「こんなときこそ、黙っていてはならぬのだ」とおっしゃいました。［註1］

宗密は、禅の根本原理から各宗派の違いに至るまで、当時の禅を総合的に解説しています。

ここでは、その主な点のごく一部のみ取り上げます。

宗密は教（学問による悟り）と禅（実践による悟り）が目的を同じくしていることを当然の事実とみなします。教と禅はどちらも、すべての人々に本来的に具わっている覚《さと》りの真なる本性を根源としています。この真なる本性のことを、「仏性《ぶっしょう》」と呼んだり、「心地《しんじ》」と呼んだりします。[註2] 教と禅は、いずれも、『法華経』が説く（それを宗密が引用する）ところの「大いなるつとめ（一大事）」すなわち「一般の人々に仏の覚りの知見を開かせる」ことを目指しています。[註3] 宗密は、経典が説く修行と悟りの方法論は禅の基本に他ならず、禅の悟りの心は経典が本来言わんとするところに他ならない、つまり、教と禅の間に矛盾はないと主張します。[註4]

仏教経典がすでに存在していたにもかかわらず、なぜ禅は生まれたのでしょうか。「達磨《だるま》禅師は、インドで法《おしえ》を授かり、自ら中国にやってきました。そして、彼の地の修行者の多くがまだ法を会得しておらず、ただ分類を知っただけで理解したつもりになったり、形式をなぞっただけで修行したつもりになったりしていることを知りました。達磨《だるま》禅師は、月はそれを指している指ではなく、法《おしえ》とは自分の心なのだと伝えようとしました」[註5] 達磨《だるま》が、文字や言葉によらず、心から心へと伝えること（以心伝心）を強調したのは、言葉へのとらわれを断つためであって、経典そのものを否定したのではなかったのです。[註6]

宗密は、当時の修行者が、禅と教との一致を見失い、互いに排斥し合っていることを嘆きました。「最近の修行者は、根本を勘違いしています。心の修行を行う者たちは経論を別の宗派だと思い、経典を説く者は禅を別の教えだと思っています」〔註7〕「この頃の禅者の多くは、「経典に説かれていることの」意味を知らず、ただその心だけを禅と認めています。経典解説者の多くは法を知らず、ただ文字どおりに意味を説明するだけです。言葉尻に引きずられ、とらわれていては、本来の意味を完全に理解することは不可能です」〔註8〕「元来、仏は頓の教えと漸の教えを説かれ、禅宗は頓の門（南宗）と漸の門（北宗）を開き、この二教二門は互いに一致していました。しかし、現代の経典学者は漸の教えばかりを標榜し、禅の者は頓の門ばかりを広めています」〔註9〕このやり方では、どちらもうまくいきません。「経論の便宜上の仮の教えと真なる教えを見極められるようになってこそ初めて、禅の真偽を見定めることができるのです。禅の心そのものを悟ってこそ初めて、経論に説かれている原理や事柄を理解できるのです」〔註10〕

当時、中国各地の禅宗は、教義の違いによって多くの流派に分かれていました。宗密はそれを十の宗派に分けて説明しています。〔註11〕

（今述べた宗派の）どれも正しくないものはありません——ただ、それぞれが党派心を抱き、自分たちが正しい、他の宗派は正しくないと排斥し合っているだけのことです。必要なのは、これらを融合させることです。……至上の道は一なる純粋な真理に帰し、二というものはありません。……至上の道は片寄ることはありません。つまり、究極の真理が偏ることはありえないのです。ある特定の見方だけにとらわれてはなりません。それらを、全体として完全で素晴らしい、一なるものとして理解しましょう。……おのおの、真理なるところは残し、瑕疵を取り除くのです――そうすれば、すべては素晴らしいのです。……多くの人々は、情に従うままに、あるものを正しいと思い込んでは、その他のものを否定します。……要するに、数あるうちの一つだけにとらわれるならすべては誤りであり、あれもこれもすべてのものを融合するならすべては正しいのです。……おのおの情を忘れ、智慧の海に帰ろうではありませんか。［註12］

宗密は、禅の「南宗」と「北宗」についてこの手法を自ら採用し、「このような和解においては、頓と漸は相反しないだけでなく、互いに補い合うのです」［註13］と述べます。宗密は、神秀《じんしゅう》（「北宗」による第六祖）と慧能《えのう》（「南宗」による第六祖）の両者を、両派が禅宗の第五祖とみなす弘忍《こうにん》（「ぐにん」とも読む）の正統な後継者と認めています。宗密は、本物の師の間で教えの手法が異なる理由を、病気によって処方する薬を変える必要があるためだと考えます。「ただ病気の症状に合わせて処方しているだけであり、一方を褒め上げ、他方をこき下ろす必要はありません」[註14] 神会《じんね》が慧能《えのう》の「南宗」禅の支持者として都にやってきて、当時の「北宗」禅の手法を批判したとき、その狙いは問題点や誤用をなくすことにあり、弘忍《こうにん》の説いた正統な手法を否定することではありませんでした。[註15]

派閥的な感情は、頓なる悟りと漸なる悟りが実際には補い合う関係であることを理解できない者に生じます。未熟なまま師となった者は、そうした宗派間の敵対心を食いものにし、火に油を注ごうとするのです。

浅薄な者は教義の一つの意味を聞いただけですっかり分かった気になり、そのちっぽけな「智慧」だけを頼りに人々の師となってしまいます。「仏の法を《おしえ》」根本から枝葉末節に至るまで完全に悟りきったわけではないため、多くの片寄った執着を起こします。頓の教えと漸の教えの門人が互いを敵とみなし、南宗と北宗があたかも敵国同士のようであるのは、このためです。[註16]

私たち現代の読者が、これらの長く失われていた禅の文献を学び、その意義を理解しようとするとき、宗密が示した指針を心に留めておく必要があります。これらの初期の文献と後世の有名な禅の文献とを比較するときは、宗密の助言に従って「同の中に異を見て、異の中に同を見る」[註17]べきです。もし、宗派間の抗争を裏付ける証拠を探し、長く忘れられていた無知な人々同士の論争について怪しい仮説をつなぎ合わせることに終始するとしたら、概念というふるいにかけて、ごみくずを残し、実を捨てているようなものです。

〈註〉

『禅源諸詮集都序《ぜんげんしょせんしゅうとじょ》』（『大正大蔵経《たいしょうだいぞうきょう》』No.2015）を参照（『禅の語録9　禅源諸詮集都序』〈筑摩書房〉では括弧内のページ数を参照）。

［註1］398bc.（p5）
［註2］399ab.（p13）
［註3］408b.（p201）
［註4］400b.（p45）
［註5］400b.（p45）
［註6］400b.（p45）
［註7］400b.（p45）
［註8］401c.（p66）
［註9］399c.（p30）
［註10］400b.（p45）
［註11］400c.（p49）
［註12］400c.（p50）

［註13］402a.（p78）
［註14］404a.（p118）
［註15］405b.（p128）
［註16］402b.（p82）
［註17］410c.（p248）

〈訳注〉本文中、「禅師」「大師」などの表記に揺れがありますが、原文（英語版）ママで翻訳しています。

楞伽師資記《りょうがしじき》

『楞伽経《りょうがきょう》』による師と弟子の記録

編者（浄覚）による序文

［テキスト断欠］……大師さま［玄賾《げんさく》］が悟りの道を成就されてすでに久しいことは明らかでした。七〇八年、玄賾《げんさく》大師は、勅命によって西都《さいと》（訳注：長安、現在の西安）に召し出され、同時に東都《とうと》（訳注：洛陽）でも広く禅の法《おしえ》を説かれました。

玄賾《げんさく》大師のもとに弟子入りした［わたくし］浄覚は、一心にお仕えしました。大師のお供をして両都を往復し、懸命に学ぶうちに、その何年か前から［わたくしの］の中に現れてきていた悟りの心は、ほどなく決定的なものになったのでした。

その昔、弘忍《こうにん》大師が［悟りを開くだろうと］予言されていた人々の中に、安州の人がいましたが、その人こそ、我が［玄賾《げんさく》］大師でした。我が大師は、一見、どこにでもいる僧のようでしたが、その悟りは仏の境地に達しておられ、皇帝の師、国家の宝として、国中の人々が帰依しておりました。わたくしは、過去世からのご縁があったために親しくご指導いただき、おかげで初めて、わたくしの胸の中に、真如《しんにょ》というものがもともと、完全に備わっていたということを知ったのです。それまで聞いたこともなかったものを、知ったのです。真如《しんにょ》には、とらえることのできる姿かたちがないので、「真如《しんにょ》を」知るというのは、知らないで知ることです。「知らないで知っている」のは「知っている」ことに他なりませんし、「姿かたちがないというかたち」も「かたち」であることに変わりはありません。人間も、世の中のあらゆるものごとも、すべては真如《しんにょ》です。言葉で説明するという行為もまた真如《しんにょ》です。ただし、真如《しんにょ》そのものは言葉でとらえられないため、もし言葉で説明したならば、それは真如《しんにょ》ではありません。真如《しんにょ》はそのもともとの性質からして知られることがないため、知ったならば、それは真如《しんにょ》ではありません。『起信論』には、〈心の真如《しんにょ》とは、一なる真理の全体に通じる普遍的性質であり、法門《おしえ》の本体である〉と説かれています。

心の本性というものは、生ずることも、滅することもありません。この世のものごとは、すべて、私たちの心にある虚妄の想念によって区別してとらえられているに過ぎず、ものの姿かたちというものが、それをとらえた想念とは別に独立して存在しているわけではありません。このように、元来、すべてのものは、言葉という枠を超越し、名前という枠を超越し、認識対象という枠を超越した、どこまでも無差別平等にして不変不滅の、ただ一なる心なのです。この一なる心を真如《しんにょ》と呼ぶのです。

さらに、真如《しんにょ》そのものは、凡人であろうと、声聞《しょうもん》（自己の悟りのみを求める小乗の修行者）であろうと、菩薩（自己の悟りを求めるとともにすべての人々を救済しようとする大乗の修行者）であろうと、仏（悟った者）であろうと、その価値が高くなったり低くなったりすることはありません。真如《しんにょ》は過去に生じたことはなく、未来に滅することもなく、どこまでも永遠に不変です。真如《しんにょ》は、その本来の性質からして、あらゆる功徳を備えています。また、それ自体に大いなる智慧という光明があります。言い換えれば、真如《しんにょ》とは、人にもともと具わっている浄《きよ》らかな心（自性清浄心《じしょうしょうじょうしん》）なのです。

『楞伽経《りょうがきょう》』には、〈自分の心がこの世のあらゆる対象を映し出す。それらは種類によって五つのものに分けられる〉と説かれています。その五つのものとは、名前、かたち、妄想、正智《しょうち》（正しい智慧）、真如《しんにょ》です。つまり、どんなものも、もともと名前はないのに、心が名前を付けるのです。どんなものも、もともとかたちはないのに、心がかたちを与えるのです。ただ自分の心を無にするだけで、名前もかたちもなくなります。それを「正智」や「真如《しんにょ》」と呼びます。『法句経《ほっくきょう》』にも〈幾重にも繰り広げられるイメージは、一なる真理が映し出されたものである〉とあります。

こうして、わたくしは、精神を深い沈黙に没入させ、人里離れた岩場で自分の仏としての本性を育み、浄《きよ》らかなる心だけを頼りに一なるものを守り、とうとう一なるものが谷間を満たすようになりました。今、こうして序文をしたためながら、どうか、わたくしと志を同じくする求道の人々が、本当の「心」を知ることができるようにと、わたくしの悟りを文章に込めている次第です。真如《しんにょ》という不可思議なものの正体は、生死輪廻（生まれては死に、死んではまた生まれを繰り返す迷いの世界）から離れたものではありません。悟りの道の究極の奥義は、むしろ物質的な肉体の中にあるのです。肉体が本来そなえている浄《きよ》らかさが煩悩の中に一時的に宿るのであり、生死輪廻の本質である真理が一時的に涅槃（生死を超えた悟りの世界）にとどまるのです。

ですから、この世の人々と仏性《ぶっしょう》（仏としての本質）とは本質的に同じものだということが分かります。これは水と氷のようなものです。水と氷のどこに本質的な違いがあるでしょうか。氷が凝り固まって物を通さないところは人々の縛られているさまを、水が周りにエネルギーを与えながら流れるところは仏性《ぶっしょう》の完全なる浄《きよ》らかさを表しています。

悟ることができるものは何もありません。求めることのできる対象もありません。良いものすら手放すのですから、生死の輪廻は当然捨て去らなければなりません。『維摩経』には〈浄《きよ》らかさを完成させるには、まず君の心を浄《きよ》めよ。君の心が浄《きよ》らかになれば、仏国土（仏が教化するこの現実世界）も浄《きよ》らかとなる〉とあります。肉体が基本だとはいえ、意識やものの見方については、浅い深いがあります。深いものの見方は、転生を超えて永遠に浄《きよ》らかです――ひとたび悟りを志したならば、来世も、来来世も［心を］感化し続け、仏となるまで後戻りすることなく修行するための礎となります。しかし、意識が浅い場合——これは昨今の修行者のことですが——最初のうちこそ感激するものの、それまで何代もの過去世にわたって、真理を嘲り、ひねくれたものの見方をしていた積み重ねに足をすくわれて、正しい信仰をもって道を修行する力がありません。土台が固まっていないために、そのうち挫折して後戻りしてしまうのです。

生死の輪廻を繰り返すのは、ただ対象にとらわれるからです。対象にとらわれるときの心の働きをよく省みてみれば、心の本質はもともと浄《きよ》らかであること［が分かります］。この浄《きよ》らかさの中には、「とらわれる」心は、本当は存在していません。［涅槃という］静まりきった境地には、動く心は根本的に存在しないのです。動は常に静であり、静であるから、求める心がありません。心があるところは常に真理であり、真理であるから、染《けが》れもとらわれもありません。染《けが》れがないとき浄《きよ》らかさがあり、縛りがないとき解脱《さとり》があります。染《けが》れが生死輪廻を繰り返す原因であり、浄《きよ》らかさは悟りの結果です。

どんなに深遠な概念も、突き詰めていけば空《くう》になります。悟りに至る究極の道は言葉を超えているため、説明しようとすればするほど、道から遠ざかってしまいます。「おおもとはもともと空《くう》だ」と表現することはできても、「おおもと」と呼べるものすら存在しないのです。空《くう》そのものは言葉を超え、頭で理解できるものではありません。聖なる心は、精妙でおもてに現れず、理解することも、知ることもかないません。大いなる悟りは、奥深く不思議で、言葉にすることも、説明することもかないません。『法華経』にも、〈あらゆるものの寂滅のありさまは、言葉で述べることができない〉とあります。

言葉で説明できる真理などなく、言葉で表現できる心もなく、その本性は空《くう》なのです。空《くう》であるおおもとに帰ること、それが道です。道の本質は、空っぽで、果てしなく広大で、浄《きょ》らかです。そのひっそりとした静けさの中で、全宇宙は消え去ります。その道は古今に通じながら、その本質は浄《きょ》らかです。天から地にいたるまで完全で、どこもかしこも浄《きょ》らかです。これこそが浄土であり、仏が住む世界なのです。

こうしてみると、ひとすじの毛の中に全宇宙が完全にそなわっており、一片の塵の中に無数の世界が入っていることが分かります。この言葉は文字通りの真実です。瞑想して自分の目で見てみれば一目瞭然ですが、三乗（悟りに至るための三種の教法）に説かれているとおりにしていては分からないでしょう。

ある経典には、〈菩提《さとり》の道ははかり知ることができない。どこまでも高く、どこまでも広く、どこまでも低く、どこまでも深く、天地が入るほど大きく、無限小の一点に入るほど小さい。だから、それを道とよぶのである〉と説かれています。

したがって、真理そのものとしての仏の体（法身《ほっしん》）は、何もない空《くう》のように浄《きょ》らかなのです。

しかし、空《くう》といっても空《くう》であるわけではなく、また、「有る」という状態が有るわけでもありません。有るものはそもそも有るのではないのに、人が勝手に「有る」という状態にとらわれているのです。空《くう》なるものはそもそも空《くう》ではないのに、人が勝手に「空《くう》」という状態にとらわれているのです。浄《きよ》らかなる解脱《さとり》というのは、有からも空《くう》からも離れており、ありのままで安らかで、とらわれることも執着することもありません。涅槃（とらわれが滅し尽くした境地）の中において、作為されるものは何一つありません。これこそが悟りを観るということです。

こうしてみると、涅槃という悟りの境地は、有と無の中にあるわけではありませんが、かといって、有と無の外にあるわけでもありません。道を悟った人が有を否定することなく、無を否定することもないのはそのためです。悟った人たちが掲げる形式や方法は、ただの便宜上の手段に過ぎません。つまり、本質は空《くう》で姿かたちがないため、有とみなすことはできませんが、機能が働いていないわけではないため、無とみなすこともできません。空《くう》でありながら常に働いており、働いていながら常に空《くう》なのです。空《くう》であることと働いていることとは別ですが、それを別のものだと分ける心が存在しません。本来的に浄《きよ》らかで、永遠不変、永久不滅の真如《しんにょ》とはこういうものなのです。

わたくしはため息をついてこう言いました。

「世の中の人々が道の学び方を知らないのは、有と無にとらわれているせいだ。有るものはもとから有るのではない。因縁が生じていなければ、それが有ることはない。無いものはもとから無いのではない、因縁が消滅したから無いのだ。もし有るものがもともと有るのなら、有るものは外界に自ら有るということになり、因縁が生じるのを待ってはじめて有るということにならない。もし無いものがもともと無いのなら、無いものは外界に自ら無いということになり、因縁が尽きるのを待って、はじめて無くなるということにはならない。有るように見えるものは有るわけではなく、真如《しんにょ》の中には因縁によらずに自ら有るものなど存在しない。また、無も無ではなく、本来の浄《きよ》らかな心の中には無なるものはないのだ。「有」とか「無」とかいうのは、妄想的な捉え方の世界の中でのことだ。どうしてそんなもので聖なる道を指し示すことができるだろうか」

『放光経』には、次のような問答があります。

問い：道は有から悟るのですか。　答え：いいえ。

問い：無から悟るのですか。　答え：いいえ。

問い：有と無から悟るのですか。　答え：いいえ。

問い：有と無から離れて悟るのですか。　答え：いいえ。

問い：どういうことですか？

答え：悟るものなどないのです。悟らずに悟ることを、悟るというのです。

第一部

求那跋陀羅《グナバッダラ》

南北朝時代、宋朝

求那跋陀羅三蔵は、南インドの人でした。大乗仏教の学者であった頃は、「摩訶衍《マハーヤーナ》」さん（訳注：サンスクリット語で大乗仏教を意味する）と呼ばれていたそうです。元嘉の時代（四二四〜四五四年）、船に乗って中国の広州にいらっしゃいました。宋の太祖（訳注：第三代皇帝文帝を指す）によって丹陽郡（訳注：建康、現在の南京）に迎えられ、『楞伽経《りょうがきょう》』を漢訳されました。王侯貴族をはじめ、出家在家の人々が禅師に禅の瞑想の教えを請いましたが、禅師は中国語がうまく話せないことを恥ずかしく思い［断わってしまいました］。その晩、剣で頭を切り取られる夢をご覧になりました。それ以来、求那跋陀羅禅師は禅の瞑想の教えを伝えはじめたのだそうです。

求那跋陀羅禅師の言葉

　この国はインドより東方にあり、道を修行する方法を知らぬ。方法を知らぬために、ある者は（自分ひとりが悟ればいいという）小乗や二乗（声聞《しょうもん》と縁覚《えんがく》）の教えにはまり、ある者は九十五種の外道の方法にはまっておる。邪教の瞑想法を使って、他人の運命の吉凶を占うものすらおる始末。なんと痛ましいことか。なんと不幸なことか。その者たちは自分をおとしめているだけでなく、他人をも陥れておる。いつまでも邪教の道にはまって、解脱することなく輪廻を繰り返す人々を哀れに思う。中には、禁断の呪術に手を出し、鬼や魔物を操っては他人の吉凶を盗み見て、「座禅瞑想をやっております」などとうそぶく者もいる。世間一般の人々は盲目でだまされやすく、わけが分かっていないので、「そのような呪術師が」本当に聖なる道に至ったのだと思って、ついていってしまう。外道の邪法であることが分からぬのだ。

　わが母国インドには正しい教えがあるが、秘伝であり、公には伝授されない。縁があり、受け取る準備が十分に整った者だけが授かることができるものだ。もしそういう者に出会ったならば、たとえ路上だろうと教えを授けるが、もし出会わなければ、たとえ親子の間柄でも伝授はせぬ。

『楞伽経《りょうがきょう》』に〈諸仏心第一（仏たちの心を第一となす）〉とあるが、我が国の教えで法（真理）が伝授されるときというのがまさにそれで、それは［迷いの］心が起こらないところである。この法は、三乗（悟りに至るための教えを声聞《しょうもん》・縁覚《えんがく》・菩薩の三種に分けたもの）を超越し、十地《じゅうじ》（修行のレベルを十段階に分けたもの）をも軽く飛び越える。結局のところ、悟りの境地というものは、自らの心を静めて、自ら知るしかない。無心になって精神を育み、意識の働きを止めて身体を楽にする。何にも気を取られることなく浄《きよ》らかに座禅し、根本を守って真理に還るのだ。わしが伝授する法は、秘して言葉に表さぬので、物事を表面的にしか認識できない凡人が伝えられるものではない。特別に功徳に恵まれた人のみが授かり、また実践できるものである。

　真理を悟っていない、解脱していない者は、（眼・耳・鼻・舌・身・意という表面的な）六つの認識作用によって第七末那識《まなしき》と第八阿頼耶識《あらやしき》を捉えてしまう。しかし、真理を悟り、解脱した者は、六識も七識もなくして、第八阿頼耶識《あらやしき》に至る。

　仏に成ろうと志す者は、何よりも先に、心を安心させることを学ぶことだ。安心していなければ、たとえ善いことをしていても善ではない――悪いことをするのは論外だが。安心して、心が静かになるとき、善も悪もそのよりどころを失う。『華厳経』にいうように〈法と法は互いを見ることがなく、法は互いに知り合うことはない〉のである。

　わしは、この国に来てから今まで、悟りの道を修行している人を見たことがない。まして、心を安心しきった人など、一度も見たことがない。代わりによく見かけるのは、悟りの道に入ることなく、せっせと業《カルマ》を作り出している者だ。有名になることばかりを考えている者。私腹を肥やすことばかりを考えて動いておる者。この者たちは、自分と他人を分けて考えるからそうなるのであり、つまりは嫉妬心に動かされておる。嫉妬とは何か。他人が悟りを開き、原理的にも実践的にもすべての修行を成就し、多くの人々から施しを受け、帰依を捧げられているのを見ると、恨めしさや憎しみの情がわいてくることだ。自分の頭の良さを鼻にかけながら、自己を超越するためにその頭を使わぬ――こういう心を嫉妬という。そんな心のありようでは、いくら昼夜を徹してさまざまな修行に励もうと、煩悩を断ち切って障害をはねのけようと、悟りの道を妨げる障害が次から次へとわいて出てくるので、心が安心して静まることはない。こういうのは、ただ「修行している」というだけであって、「安心している」とは呼ばぬ。

たとえ六波羅蜜の修行を実践しようと、経典を読み解こうと、座禅を組もうと、苦行に励もうと、それはただ「善いことをしている」だけで、「法にかなう実践」とは呼べぬ。業《カルマ》の田畑に欲望という水を引かず、またそこに認識作用という種をまかぬなら、それこそ「法にかなう実践」と呼べるのだ。

ここまで、心を安心させることについて話したが、心の持ちようには、大まかに言って四つある。一つ目は真理に背を向けた心。これは「凡人」の心である。二つ目は真理を目指している心。これは、生死輪廻の苦しみを忌み嫌うがために涅槃《さとり》を求め、静寂の境地へ向かおうとするもので、「声聞《しょうもん》」の心と呼ぶ。三つ目は真理に入った心。［道を妨げる］壁をはねのけ、真理をはっきり悟ったものの、まだ主体と客体を分けて考える心はなくなっていないもので、これは「菩薩」の心である。四つ目は真理そのものである心。心が真理の外にあるのではなく、真理が心の外にあるのでもなく、真理すなわち心となる。心がなにごとにも分け隔てなく平等であるためこれを真理と呼び、真理を悟るとすべてがはっきりと分かるためこれを心と呼ぶ。心と真理とが分け隔てなく平等なので、「仏の心《さとり》」と呼ぶ。

真理を悟ったものは、生死輪廻と涅槃を別ものとはみなさぬし、凡人と聖人の間にも違いを見ぬ。智慧が捉える対象と、捉える側の智慧は別のものではなく、内なる原理と外界の事象はひとつに融け合う。真理と世俗は等しいものとみなされ、染と浄は一体になる。仏と人はもともと分け隔てなく平等で一つなのだ。

〈涅槃なるものはない。涅槃に入った仏というものもないし、仏が涅槃に入ることもない。悟るものと悟られるものを超え、有と無のいずれをも超えているのである〉と『楞伽経《りょうがきょう》』は言う。大いなる悟りの道は、本来、どこにでもあるものである。その完全なる浄《きよ》らかさは、もともとそこにあるのであって、何か条件を満たすことによって獲得される類のものではない。太陽の光が流れゆく雲にさえぎられるのと同じこと。雲が消えれば、太陽の光は自然と現れる。ならば、知識を増やすことが一体何になるだろう。いくらたくさんの書物を読み、説法を聞いたところで、かえって生死輪廻のわだちに戻ってくるだけというのに、なにゆえ言葉を漁り続けるのか。教えの言葉を読んだり聞いたりすることが悟りの道だと思っているような者は、現世的な名声や利益を追い求めているだけのこと。自分だけでなく他人にも害を与える。悟りの道は、鏡を磨くようなものだ。鏡の表面についている塵が全部落ちてしまえば、鏡は自然と清らかに光り輝く。

『諸法無行経』は、〈仏は仏ではなく、また仏が人々を救うこともない。人々がわざわざ仏と人とを分けて考えて、仏が人々を救うと思っているのだ。だから、人々は仏の心が分からず、その心が安定することはない〉と説く。つまり、心というものが分かれば悟るのである。そうなれば、縁起によって生じる現実のあらゆる場面において、何ものにも妨げられることなく大きな役割を果たすことができるようになる。これを「大いなる道の修行（大修道）」と呼ぶ。そのとき、自分と他人を分け隔てるものはなくなり、すべての修行が同時になされる。前、後、またはその中間という区別は存在しないからだ。これを悟りに至る大きな乗り物、すなわち「大乗」と呼ぶ。

内面的にも外面的にも執着せず、大いに手放し尽くすのを、布施波羅蜜（施しの完成）と呼ぶ。善と悪とが分け隔てなく平等で、どちらもとらえられないのを、持戒《じかい》波羅蜜（戒律を完全に守ること）と呼ぶ。心がとらえる対象と心との間に何の相違もなくなり、怨《うら》みという悪意が完全になくなるのを、忍辱《にんにく》波羅蜜（忍耐の完成）と呼ぶ。泰然として不動でありながら、あらゆる行為が無理なく自然になされるのを、精進《しょうじん》波羅蜜（努力の完成）と呼ぶ。不思議な静寂が盛んに起こるのを、禅定《ぜんじょう》波羅蜜（静まった心の完成）と呼ぶ。不思議な静寂の中で明るい悟りが開くのを、般若波羅蜜（智慧の完成）と呼ぶ。このような境地に至った人は、高潔かつ寛大で、何でも拒絶することなく受け入れるので、多方面で活躍できる。これこそが大乗である。

大乗を志すにあたり、安心することを最初に学ばないならば、必ずや、知識に足をすくわれて間違いをおかすであろう。『大品経《だいぼんきょう》』には、〈仏の五眼《ごげん》（認識の能力を眼になぞらえ、肉眼《にくげん》・天眼《てんげん》・慧眼《えげん》・法眼《ほうげん》・仏眼《ぶつげん》の五種に整理したもの）は人々の心とものを観て、究極的には何も見ることはない〉とある。『華厳経』には、〈見るものがないとき、はじめて本当に見ることができる〉とある。『思益経』には、〈肉眼で見られるものではないし、何らかの感覚によって知覚できるものでもない。ただ真如《しんにょ》に従うことによって見なければならぬ。すべての感覚は真如《しんにょ》であり、法もまた真如《しんにょ》である。このように正しく見ることを正見《しょうけん》と呼ぶ〉とある。『禅決』には、〈コウモリやミミズクは、昼間にものを見ず、夜中にものを見る。これは逆転した妄想（転倒《てんどう》）によるものだ。どういうことか。コウモリやミミズクは、他の人にとって闇であるものを光とみなす。凡人は、他の人にとって光であるものを闇とみなす。どちらも、妄想に過ぎない。ものの見方が逆転しているため、また業《カルマ》に妨げられているせいで、［凡人は］真実を見ることができない。こうしてみると、光は必ずしも光とは限らないし、闇は必ずしも闇とは限らない。このことに気づけば、転倒《てんどう》に惑わされることなく、永遠、安楽、自由自在、清浄な如来（悟りを開いた者）の境地に入ることができる〉とある。

［求那跋陀羅《グナバッダラ》大師の語録］

『楞伽経《りょうがきょう》』では、〈自分の念を浄《きよ》らかにするにはどうしたらよいですか？〉という問いに対してこう答えている。〈妄想を起こすな。煩悩を起こすな。全力で念仏せよ。途切れることなく念仏せよ。そうすれば、君の心は落ち着き、思考もなくなり、もともとそこにある空《くう》なる浄《きよ》らかさを見るだろう〉」

「ひとたび信仰を受け入れたならば、永遠なる静寂から退いてはならぬ。それが仏が説いたところの〈強化するにはどうすればよいか〉の意味だ」

「師から学ぶとしても、悟るのは師によってではないぞ。『智慧を授ける』ということが、法《おしえ》を口で説明することによってなされたことはない。必ず、現実の中で実証される」

「君は水がめの中に入ることはできるかい？　柱の中に入ることはできるかい？　火の中に入ることはできるかい？　山を通り抜けることはできるかい？　体で入るのかい、それとも心で入るのかい？」

「部屋の中に水がめがある。部屋の外にも水がめはあるかないか？　水がめの中に水があるのだろうか？　水の中に水がめがあるのだろうか？　世界中のすべての水という水の中に水がめがあるだろうか？　その水とは一体何だろうか？」

「木の葉が法を教えてくれる。水がめが法を教えてくれる。柱が法を教えてくれる。杖が法を教えてくれる。部屋が法を教えてくれる。地も、水も、火も、風も皆、法を教えてくれる。土も、木も、瓦も、石も皆、法を教えてくれる。これは一体どういうことだろうか？」

第二部

三蔵法師　菩提達磨《ぼだいだるま》

南北朝時代、魏朝

（訳注：漢文では達摩。後代の文献で一般的な「達磨」に統一している）

求那跋陀羅《ぐなばっだら》三蔵禅師の後を受け継いだのは、達磨《だるま》禅師でした。達磨《だるま》禅師は、大乗の真理を広めようと、海路はるばる呉越［中国東南沿岸］の地に渡り、北上して鄴《ぎょう》［魏の都］に来られました。修行僧の道育《どういく》と慧可《えか》は、達磨《だるま》大師に師事すること五年にして、はじめて四行《しぎょう》（悟りに入るための四つの実践段階）を伝授されました。達磨《だるま》大師は、慧可《えか》にこうおっしゃったそうです。「四巻『楞伽経《りょうがきょう》』（訳注：『楞伽経《りょうがきょう》』には漢訳が三種あり、その中で求那跋陀羅《ぐなばっだら》が翻訳したものが四巻本）を君に授ける。これによって実践すれば、自然と解脱するだろう……」その他のことは、『続高僧伝』［道宣《どうせん》（～六六七年）撰］に詳しく書かれているとおりです。また、『大乗の悟りに入るための四つの実践の書』（訳注：『達磨《だるま》の語録』と呼ばれる書の一つである『二入四行論《ににゅうしぎょうろん》』のこと）

の達磨《だるま》大師の弟子曇林《どんりん》による序文にもその概要が述べられています。（訳注：これ以降、『二入四行論』からの引用が続く。英語原文には引用であることが明記されずに、地の文になっている）

達磨《だるま》法師は、南インドのある国の第三王子であり、極めて頭脳明晰で、何を聞いてもはっきりとその本質を見抜きました。大乗の道を決意されると、世俗を捨てて僧となり、聖人たちの伝統を受け継いで花開かせました。その心は俗世間から遠く隔たった空《くう》の境地にありながら、世間の物事にもよく通じ、内的世界と外的世界をすべてはっきりと悟っておられました。その徳は世間を抜きん出て、その慈悲と気遣いは世界のすみずみに及び、はるかに山を越え海を越え、正しい教えが衰退していたこの中国の地においでくださったのです。心が静まった空《くう》の境地を［修行していた］者たちは皆、法師を信じましたが、形にとらわれ主義主張に固執するたぐいの者たちは、やがて、法師を悪しざまに批判しはじめました。

この頃、達磨《だるま》法師のおそばには、道育《どういく》と慧可《えか》という二人の修業僧だけがおりました。二人とも、まだ年若かったものの、高邁な志をもっており、法師に出会うことができただけで幸運だと、弟子として何年もお仕えし、つつましく指導をうけました。二人はよく学んで、法師の言わんとするところをくみ取りましたし、法師の方でもその純粋さと誠実さに心を動かされ、二人に真実の道を伝授しました。それは、心を安心させる方法、実践する方法、世間と仲良くする方法、方便（真実の教えに導くためのてだてとして仮に用いる手段としての教え）を用いる方法でした。

これが、心を安心させる——つまり、間違いをおかさせない——大乗の教えです。心を安心させる方法とは壁観《へきかん》（壁のように静かに心を観る瞑想法）で、実践する方法とは四行《しぎょう》（悟りに入るための四つの実践段階）で、世間と仲良くする方法とは世間からのそしりや反感を買わないようにすることで、方便を用いる方法とはその場に通用しないやり方を使わないことでした。以上、手短に概要を述べました。詳細は本文に譲ります（訳注：ここまでが『二入四行論』の曇林の手による序文で、本文も引き続き引用される）。

【達磨《だるま》法師の教え】

道に入る方法は多々ありますが、突き詰めていけば二つしかありません。一つ目は原理から入る方法（理入《りにゅう》）であり、第二は、実践から入る方法（行入《ぎょうにゅう》）です。

原理から入る方法というのは、教えを用いて根本を悟ることです。これは、生きとし生けるものは凡人も聖人も皆、同一の真実の本質を持っているが、ただうわべに塵をかぶっているためにその本質が顕現されていないだけのことだと、深く信じるという意味です。うわべの塵を払って真実に還り、意識を集中させ、まるで自分が壁になったように観てみれば、自分と他人を分け隔てるものは何もなく、凡人も聖人も平等だと分かるのです。心は揺らぐことなくしっかりと落ち着いて、もはや教えの一字一句にとらわれることはありません。つまり、知らず知らずのうちに本来的な原理と一つになっているということです。分け隔てる意識は働かなくなり、静かに落ちつき、言葉はなくなります。これを、道に「原理から入る方法」といいます。

これに対して、道に「実践から入る方法」というのは、いわゆる四行《しぎょう》、すなわち四つの実践段階のことを言います。その他すべての実践は、四行《しぎょう》のいずれかに含まれます。では、その四つの実践段階とは何でしょうか。第一段階は悪業に報いる実践（報怨行《ほうおんぎょう》）、第二段階は縁にまかせる実践（随縁行《ずいえんぎょう》）、第三段階はものを求めぬ実践（無所求行《むしょぐぎょう》）、第四段階は法にかなう実践（称法行《しょうぼうぎょう》）です。

まず、第一段階の悪業に報いる実践について説明しましょう。これは、苦しみに出会ったとき、自分の心の中で「わたしは、無数の過去世において、一番大切な根本を忘れて枝葉末節を追い、さまざまな姿で輪廻転生しては、強い怨《うら》みや憎しみを抱き、数え切れないほどの罪を犯し、悪業をなしてきた。たとえ今は罪を犯していないとしても、この苦しみは自分が過去世から持ち越したものだ——過去世で自分がなした悪業の報いが今、熟したのだ。この苦しみは、神や悪魔によって与えられているものではない」と思うことです。腹を立てたり、不平不満をこぼしたりすることなく、すすんでその苦しみに耐えなければなりません。ある経典にも、〈苦しみに出会っても気に病むことはない。なぜか。根本原理に気付いているからだ〉とあります。［苦しみに対して］このような態度で接することができるようになったとき、あなたは本来的な原理と一つになっています。悪業を経てなお、悟りの道を進んでいくことができるのです。こういうわけで、「悪業に報いる実践」と呼ばれています。

第二段階は、縁にまかせる実践です。この世の人々は、実体的な自我をもっているわけではなく、過去の行いの因縁［の通り］に動かされています。苦しみも幸福も縁によって生じるのであり、どちらも等しく身に降りかかります。仮に、栄誉や名声などの好ましい報いを手に入れたとしても、それは自分が過去世でつくった原因の結果です。それを今受け取ったというだけで、因縁が尽きれば再び無に帰するというのに、どうして喜ぶことができるでしょうか。何かを得たり失ったりすることは、すべて因縁によるのであり、それによって自分の心そのものの価値が上がったり下がったりすることはありません。［何かを得たときの］喜び［や失った悲しみ］に振り回されないようになったならば、深いところで悟りの道と一つになっているのです。こういうわけで、「縁にまかせる実践」と呼ばれています。

第三段階は、ものを求めぬ実践です。一般の人々は、常に煩悩にまみれ、何かにつけて欲しがり、執着します。これが「ものを求めている」状態です。しかし、智慧ある者は、真実を悟っているため、本来的な原理をもって、この世に向き合います。その心は特に安心しようとしなくても安心しており、自然の流れのままに姿を変えます。この世の存在すべてが空《くう》であり実体を持たないと分かっているため、ものを欲しがることはありません。さらに言えば、幸福の女神「功徳天《くどくてん》」と不幸の女神「黒闇天《こくあんてん》」はいつも一緒で、決して互いのそばを離れません。三界《さんがい》（生死を繰り返しながら輪廻する欲界・色界《しきかい》・無色界《むしきかい》の三つの迷いの世界）にいつまでも住み続けるつもりですか？　三界《さんがい》は火のついた家のようなもの――肉体をもっている限り、皆苦しむ世界――そんなところに安住できる者などいるでしょうか？　このことが完全に理解できたならば、この世のあらゆるものごとについて幻想が消え、ものを求めることはなくなります。ある経典に〈求める者は、皆苦しむ。求める心がなくなって、はじめて喜びがある〉とあることからも分かるように、ものを求めぬことこそ、まさに悟りの道の実践なのです。

第四段階は、法にかなう実践です。「法」、すなわち真理の教えは、「あらゆるものの真実の本質は」本質的に浄《きよ》らかであるという本来的な原理に基づいています。この原理によれば、あらゆる物事はすべて空《くう》であり、染《け》がれもなく、執着もなく、「これ」とか「あれ」というものもありません。ある経典には、〈法は生き物としての実体をもたない。生き物の染《け》がれからかけ離れているためである。法は自我をもたない。自我の染《け》がれからかけ離れているためである〉と説かれています。智慧ある人がこの原理を確信するとき、必ず、法にかなうように生きるようになるはずです。法そのものはもの惜しみをしません。これは布施波羅蜜（施しの完成）の修行の実践です。惜しみなく与えましょう。自分（与える者）も、相手（与えられる者）も、与えたもの自体も、すべてが本来的には空《くう》であることをよく理解すれば、何ものにも依存や執着をしなくなります。現象面にとらわれることなく、その現象を、世俗的な染《けが》れを清めて、人々を助け導くためだけに用いるのです。この布施波羅蜜の修行は、自分のためになると同時に、他の人のためにもなり、また菩提《さとり》の道を輝かせることにもなります。他の五つの波羅蜜［持戒・忍辱《にんにく》・精進・禅定《ぜんじょう》・般若］の修行も同じです。妄想を取り除くために六波羅蜜の修行を実践しつつ、修行されるものもまたない――それが、「法にかなう実践」です。（訳注：原文に明記されていないが、ここまでが『二入四行論』の引用）

以上に述べた四行《しぎょう》という実践は、達磨《だるま》禅師が近しい弟子たちに説かれたものです。その言葉や行いを弟子の曇林《どんりん》が記録して、『達磨《だるま》の語録』という書物にまとめました。達磨《だるま》禅師にはまた、坐禅瞑想をする弟子たちのために『楞伽経《りょうがきょう》』の根本思想を説かれた紙数十二、三枚程度の記録があり、これも『達磨《だるま》の語録』と呼ばれています。これらの二種の『達磨《だるま》の語録』は、文章的にも内容的にも完成されたもので、世の中に広く普及しています。この他に偽作の三巻『達磨《だるま》の語録』というものが出まわっていますが、これは文章が回りくどい上に、内容もとりとめがなく、実用に耐えません。

達磨《だるま》大師は、何かものを指さして、その意味を問われることがありました。ただ、何かものを指さしては、「これを何と呼ぶ?」とおっしゃるのでした。「あらゆるものについて、同じように問うてみよ。ものの名前を入れ替えたり、ものを別のものに変えたりして、問うてみよ」とおっしゃいました。

達磨《だるま》大師

「この身体は存在するか?　この身体とはどういう身体か?」

「空《そら》にかかる雲は、虚空そのものを汚《けが》すことは決してできないが、空を覆い尽くして、明るく澄みわたらないようにすることはできる」

『涅槃経』にはこうあります。

〈内側に感覚はなく、外側に知覚する対象も存在しない。内なるものと外なるものとが一致しているから、中道《ちゅうどう》とよぶのである〉

第三部

慧可《えか》禅師

鄴都《ぎょうと》、斉朝《せい》

（訳注：漢文では恵可。本書では、後代の文献で一般的な「慧可」に統一している）

達磨《だるま》禅師の後を受け継いだのは、慧可《えか》禅師でした。俗姓は姫《き》で、武牢《ぶろう》（訳注：現在の河南省汜水県）の出身でした。十四歳のとき、達磨《だるま》禅師が近所［現在の河南省］を遊行されているのに出会ったそうです。達磨《だるま》禅師にお仕えすること六年にして、一乗の教えを精力的に探究し、奥深い原理へと近づきました。

慧可《えか》禅師は、修行の方法を簡潔にまとめ、人々が悟りの境地に真に至ることができる、根本的な悟りの方法を明らかにしました。

【慧可《えか》禅師の教え】

『楞伽経《りょうがきょう》』は、〈釈迦牟尼は静かに観《かん》（ものごとの本性を観察する瞑想）を行い、それによって生死輪廻を離脱なされた。このことを「とらわれないあり方」と言う〉と説きます。全世界、過去から現在にわたり、悟りを開いた者（仏）の中に、坐禅瞑想の基礎なくして成仏《さと》った者は一人もいません。

『十地経《じゅうじきょう》』には次のように説かれています。〈生きとし生けるものの身体の中には、何ものにも破壊されることのない仏性《ぶっしょう》（仏としての本質）がそなわっている。仏性《ぶっしょう》はまるで太陽のように、それ自体が明るく輝き、完全に満ち足りていて、［その光は］広大無辺である。ところが、その光は五蘊《ごうん》（人間存在の構成要素とされる色《しき》・受《じゅ》・想《そう》・行《ぎょう》・識《しき》の五つの集まり）の雲々によって幾重にも覆い隠されているため、一般の人々には見えない。もし智慧の風が吹いたならば、五蘊《ごうん》の雲々は吹き払われる。雲が消え去れば、そこには仏性《ぶっしょう》がまばゆく浄《きよ》らかに光り輝いているのである〉

『華厳経』も、仏性《ぶっしょう》は〈全宇宙のように広大で、虚空のように究極でありながら、甕《かめ》の中の光のように、外を照らすことはできない〉と説いています。

また、仏性《ぶっしょう》は、このようにたとえることもできます。雲が空を覆い尽くして世界が真っ暗なとき、太陽が明るく輝くことなどできるわけがありません。しかし、太陽の光がなくなったわけではありません――ただ雲によってさえぎられているだけなのです。人々の浄《きよ》らかな本性も、これと同じです。仏としての本質を完全に顕現できないのは、幾重もの厚い雲――煩悩、対象にとらわれる妄想的なものの見方――によって覆われ、聖なる道がさえぎられているからに他なりません。もし妄想が生じることがなく、静かに浄《きよ》らかな心で座禅するなら、大いなる涅槃という太陽の光は、おのずから明るく輝いてくるのです。

世間の書物に、〈氷は水から生まれるが、氷が水をさえぎることがある。氷は固まって動かない、水は流れるように動く〉とあります。［それと同じように、］妄想は真実から起こりますが、妄想がまやかしによって真実を見失わせることがあります。しかし、妄想がなくなれば、真実はおのずと現われてくるのです。わたしたちの心という海はもともと澄み切っていて美しく、真理そのものは浄《きよ》らかな空《くう》なのです。

ですから、仏の道が言葉の中にあると思って、書物を読んだり説法を聞いたりしても、言葉というものはまるで風前の灯火《ともしび》のようなもので、闇を払うことができず、次第に消えてしまいます。しかし、浄《きよ》らかに安らかに座禅するならば、まるで閉めきった部屋の中の灯火《ともしび》のように闇が払われ、ものごとが明るくはっきりと見えてきます。

もし、私たちの心の根本が清浄であることを完全に理解したならば、すべての誓願は果たされ、すべての修行は成し遂げられ、万事が完結します。もう生死輪廻の世界に戻ってくることはありません。このような真理そのものとしての仏［法身《ほっしん》］を悟った人にとっては、無数の人々がただ一人の徳のある人になります。その人は、永遠とも呼べる長い年月を超えて、法身《ほっしん》と一体となってそこにあります。

あなたの中に純粋で誠実な心が生まれていないなら、過去・現在・未来の無数の仏に出会おうとも、何もなされることはありません。このことから、人は自分で自分の心を知ることによって、自《みずか》ら自分を救うのであり、仏が人を救うのではないことが分かります。もし仏が人を救うことができるなら、これまで無数の仏に出会ってきたはずの私たちが、なぜまだ悟っていないのでしょうか。それはほかでもない、あなたの中に純粋で誠実な心がまだ生まれていないからなのです。口先でいくら真理を語っても、心で会得しない限り、自分の行いに応じた姿でまた生まれてくるしかありません。

よって、悟りの本質は、世界に太陽や月があり、薪の中に火［の潜在的可能性］があるのと同じです。人間の中には、仏である真実の本質、すなわち仏性《ぶっしょう》があります。これを「仏《ぶっ》性《しょう》の灯火」と言ったり、「涅槃の鏡」と呼んだりもします。大いなる涅槃の鏡は、太陽や月よりも明るく、内も外も完全に浄《きよ》らかで、広大無辺です。

これは、金《きん》の精製にもたとえることができます。精製によって不純物が取り除かれても、純金が損なわれることはありません。それと同じように、「人間」という姿かたちや「生死」という現象がなくなっても、法身《ほっしん》が損なわれることはないのです。

坐禅瞑想の効果は、自分の身体の中で、自分の体験として分かることです。画にかいた餅は、やはり食べることはできません。食べ物の話を聞かせて、どうして満腹にさせることができるでしょうか。前世からもちこした障害を取り除こうとしてのことだとしても、来世へのお荷物をかえって増やしてしまうのが関の山です。〈貧乏人が昼も夜もなく他人の財産を数えていても、自分のお金は一銭もないようなもの〉と『華厳経』にありますが、ものを多く知っている人というのはそれと同じです。

もっと言えば、本を読むときも、しばらく見た後は、［実践の中で試すために］さっさと片付けてしまうことです。本を捨てなければ、ただ言葉を覚えたのと一緒です。これは、水を沸騰させれば氷が手に入ると思っているのと同じくらいの見当違いです。

悟りを開いた人たち（仏）が口を揃えて、「言葉にならない」という言葉を使うのはこのためです。どんなものも、その真のすがたは言葉になりません。一方で、言葉にならないものもありません。このことが理解できたならば、一を挙げただけで千のことがついてくるようになります。『法華経』には、〈真実でもなければ、虚偽でもなく、そのままのあり方でもなければ、そのままでないあり方でもない〉とあります。

［慧可《えか》大師の語録］

「仏教の正しい教えの本当のところを解説しよう。仏教の正しい教えは、つきつめていけば、真実の奥深い原理と少しも違うことはない。［凡人は］願いを叶えてくれる魔法の宝珠をただの瓦のかけらと見間違っているだけだ。迷いがなくなってみると、それが本物の宝珠だと自分で気付く。ということは、無知と智慧とは本質的に同じものであり、少しも違うことはない。この世のものはすべて真如《しんにょ》だと気付かねばならん」

「二元的なものの見方をする人々を哀れに思うあまり、筆をとり、この文章をしたためるのだ。自分の身体と仏とが少しも違うことはないことを観るとき、それ以上究極の涅槃を求める必要はなくなる」

また、こんなお話をされたこともありました。

「わしが初めて悟りを志したときは、片方の腕を切り落として、雪の中に夕方から深夜まで立ちつくし、雪が膝の上まで降り積もったのにも気付かなかった。それほど、無上の道を求めておった」

『華厳経』の第七巻には次のように説かれています。

〈東で瞑想に入ると、西で三昧《さんまい》（心が一つの対象に集中しきった境地）が立ち上がり、西で瞑想に入ると、東で三昧《さんまい》が立ち上がる（訳注：ここで「瞑想」と訳した部分は英語では「correct concentration」、漢文では「正受」で、「正受」も「三昧」もサンスクリット語の「サマーディ」の漢訳です。『禅の語録2　初期の禅史Ⅰ』〈筑摩書房〉［以下『初期の禅史Ⅰ』］によれば、「正受と三昧は、（中略）一般的には同義語とみてよく、瞑想に入って身心がおちつき、内外遠近、大小広狭の差別がなくなり、平等一如の境地に至るまでの始めと終わりを言ったもの」）。（見る側の）眼で瞑想に入ると、（見られる側の）もので三昧《さんまい》が立ち上がり、ものというものの不思議さは、天人や人の理解をはるかに超えていることがあらわになる。もので瞑想に入ると、瞑想の念は乱れることなく、眼で三昧《さんまい》が立ち上がり、眼が生まれるということはなく、自性《じしょう》（実体性）を持たないことを観る。あらゆるものが消え去った静寂なる空《くう》を観る。耳、鼻、舌、触覚、意識についても、同じである。

子どもの体で瞑想に入ると、大人の体で三昧《さんまい》が立ち上がる。大人の体で瞑想に入ると、老人の体で三昧《さんまい》が立ち上がる。老人の体で瞑想に入ると、信心深い一般女性の体で三昧《さんまい》が立ち上がる。信心深い一般女性の体で瞑想に入ると、信心深い一般男性の体として三昧《さんまい》が立ち上がる。信心深い一般男性の体として瞑想に入ると、女性の修行者の体で三昧《さんまい》が立ち上がる。女性の修行者の体で瞑想に入ると、男性の修行者の体で三昧《さんまい》が立ち上がる。男性の修行者の体で瞑想に入ると、修行中もしくはもう修行すべきことのなくなった階位として三昧《さんまい》が立ち上がる。［声聞《しょうもん》の］修行中もしくはもう修行すべきことのなくなった階位として瞑想に入ると、縁覚《えんがく》の階位の修行者の体として三昧《さんまい》が立ち上がる。縁覚《えんがく》の階位の修行者の体で瞑想に入ると如来の体で三昧《さんまい》が立ち上がる。一つの毛孔の中で瞑想に入ると、全身の毛孔で三昧《さんまい》が立ち上がる。全身の毛孔で瞑想に入ると、一すじの毛の先端で三昧《さんまい》が立ち上がる。一すじの毛の先端で瞑想に入ると、全身の毛の先端で三昧《さんまい》が立ち上がる。全身の毛の先端で瞑想に入ると、一片の塵の中で三昧《さんまい》が立ち上がる。一片の塵の中で瞑想に入ると、この世界のありとあらゆる塵の中で三昧《さんまい》が立ち上がる。大海の中で瞑想に入ると、猛火の中で三昧《さんまい》が立ち上がる。一つの身体が無数の身体となり、無数の身体が一つの身体となる〉

このことが理解できたならば、一を挙げただけで千のことがついてくるようになります。この世のすべての存在はすべて真如《しんにょ》なのです。

第四部
僧璨《そうさん》禅師

舒州《じょしゅう》、司空《しくう》山　隋朝

慧可《えか》禅師の後を受け継いだのは、僧璨《そうさん》禅師でした。この僧璨《そうさん》禅師は、出自がはっきりしておらず、出身地も不明です。『続高僧伝』にも、「慧可《えか》禅師の後は僧璨《そうさん》禅師」とあるだけです。僧璨《そうさん》禅師は、司空《しくう》山に隠居して静かに坐禅され、著書を世に出すこともなく、ごく近しい人を直接指導するのみで、公に教えを広めることはありませんでした。弟子として知られているのは、ただ一人、道信《どうしん》という修行僧だけでした。道信《どうしん》は、お仕えすること十二年で、一つの容器の中の水をもう一つの容器に移しかえるように、一本のろうそくの火をもう一本のろうそくに移すように、あますことなく師の教えを会得しました。僧璨《そうさん》禅師は、仏性《ぶっしょう》を悟ったことを認める証を道信《どうしん》に授け、こう言いました。「『法華経』に〈この一つのこと［仏《ぶつ》乗《じょう》：仏の悟りの境地に至ること］だけがある。第二もなければ、第三もない〉とあるように、悟りに至る道は奥深く、人の言葉は遠く及ばぬ。法身《ほっしん》は空《くう》であり、見ることも聞くこともかなうものではない。文字や言葉で表現されるものは仮の姿にすぎん」

僧璨《そうさん》大師は、「他の人は皆、坐禅を組んだまま死ぬことが尊いと思っている。今から、わしは立ったまま死のう。生も死も自由だ」と言い終えると、木の枝をつかみ、立ったまま静かに息を引き取られたそうです。

こうして、皖公山《かんこうざん》の寺でその一生を終え、今でも寺にはその像が残っています。僧璨《そうさん》大師は、『詳玄伝《しょうげんでん》』（訳注：『初期の禅史Ｉ』１７８ページの注によると、北周の恵命が作った『詳玄賦』という詩に僧璨《そうさん》禅師が付けた注釈）において、次のように説かれています。

【『詳玄伝』の言葉】

〈深大なる一なる真理のみがあるというのに、ああ、この世の現象の、なんと複雑多様であることか。真実と世俗の違いはあっても、そのおおもとは同じであり、凡人と聖者に分かれてはいても、その道はひとつづきである。果てを探してもどこまでも果てしなく、始まりのないところから出でて、終わりのないところに極まる。解脱《さとり》と迷いの両方に通じており、染と浄はここで融け合う。空《くう》と有を内包しながらひっそりと静まりかえり、時空を包容しながらどこまでも同じである。あたかも［純金で作られた］腕輪が純

金と異なることはないように。あたかも大海の水が、よせくる波を恐れぬように〉

注釈：これは、本来的な原理（一なる真理）には分かれ目というものがなく、不純物が混じることもないことを言っています。「果てしなく」「終わりのない」と言っているのはその意味です。本性は、造られた有形物ではありません。筆者は、始まりと終わりについての議論に終止符を打つことによって、非二元の門をくぐるとき、光と闇は消え去り、善と悪とが一なる道の上で融け合うのだと言います。つまり、静でない動もなく、同でない異もないということです。それは、水が波となり、金《きん》が器具になるようなものです。金《きん》はその器具の本質であるからして、金《きん》でない器具はなく、波は水のはたきであるからして、水と異なる波はありません。

〈縁起によって生起する現象の中に、何もさまたげがない本性を観るにつけ、現象として現れているものの本性ははかりしれぬということを確信する。それはあたかも宝殿から垂れ下っている無数の宝珠のようであり、玉で飾った楼台にかかっている鏡のようだ。これとあれは相違しつつも互いに入りまじり、紅と紫は別の色でありながらも互いに映じ合う。自分と他人の区別にとらわれることもなく、何かを正しい、間違っていると判断することもない。極微小な空間の中に大宇宙のすべての存在が含まれており、一瞬の時間の中に過去・現在・未来がすべてが内包されている。このような言葉を信じない人がいることを危惧し、「インドラの網」のたとえ話をして、疑いをはらすのだ。これはすべてを見通す眼（普眼）をもって見ることができる事実であるが、迷える意識でこのことを知るにはどうしたらよいだろうか〉

注釈：ここでは、縁起によって生起する現象の裏に隠された真実を明かしています。インドラの網（インドラ神の宮殿にかかっている、結び目の一つ一つに宝石を散りばめた大きな網）にたとえられる真理の世界では、一がそのまますべてであり、ものとものは共鳴し合いながらも、一緒くたになってしまうことはありません。なぜならば、現象として現れているものは、自ら実体をもっているわけはなく、現象が現象化するためには本来的な原理に依らなければならないからです。本来的な原理と融け合うとき、現象もまた、さまたげが何もなくなるのです。巨大なものと微小なものは違うとはいっても、ちょうど鏡に映る像が互いに映り込んでいるようなものです。これとあれは違うとはいっても、「インドラの網の」宝石にさまざまなかたちが互いに映り込んでいるようなものです。一がそのまますべてであり、すべてがそのまま一であって、縁起によって生起する現象には何もさまたげがなく、ありとあらゆる個物の中に本来的な原理が顕現されているのです。このことから、宇宙の広がりはどこまでも果てしなく、しかも一かけらの塵の中に余裕でおさまることが分かります。過去・現在・未来にわたる時の流れはどこまでも続き、しかもただ一瞬のうちにおさまることが分かります。「計測されるものなど何もない」と観るようになれば、金属でできた壁の先を透視することも、石の壁をさまたげなく自由に通り抜けることも可能になります。こうして、聖者は本来的な原理を悟り、その働きをまっとうするのです。もし本来的な原理がそれを許さぬ場合、聖者はこのような神通力を持つことはありません。解脱《さと》るとは、本来的な原理があまねく行き渡ることです。もしさまたげがあるとしたら、ただ感情によってさえぎられているのです。すべてを見通す眼（普眼）の智慧は、ものごとを如実《ありのまま》に見ることができます。

〈猿は鎖につながれると跳ね回るのをやめ、蛇は筒に入るとくねらなくなる。大海をわたるには戒律の船を、暗闇を照らすには智慧の灯火を用いよ〉

注釈：「猿が鎖につながれる」というのは、戒律によって心を制することのたとえであり、「蛇が筒に入る」というのは、瞑想による精神統一によって心の乱れを止めることのたとえです。『大智度論《だいちどろん》』には、〈蛇は自然とくねりながら進むが、筒に入ると真っ直ぐになる。三昧《さんまい》（瞑想による精神統一）によって心を制するのもこれと同じである〉と説かれています。『金光明最勝王経《こんこうみょうさいしょうおうきょう》』の「三身品《さんじんぼん》」には、〈仏には三つの名があるが、三つの実体があるのではない〉と説かれています。

（訳注：『詳玄伝』の詩本文と僧璨禅師による注釈の区切りについては、『初期の禅史Ⅰ』を参考に変更した）

第五部
道信《どうしん》禅師

蘄州《きしゅう》、双峰山　唐の時代

僧璨《そうさん》禅師の後を受け継いだのは、道信《どうしん》禅師でした。道信《どうしん》禅師は、禅門をふたたび開かれたものにし、国中に教えを広められました。著書には、『菩薩戒法』や『入道安心要方便法門《にゅうどうあんじんようほうべんほうもん》』があります。

【道信《どうしん》禅師の教え】

この教えに縁があり、教えを理解する準備がととのった弟子たちのために、この教えを説こう。『楞伽経《りょうがきょう》』の〈諸仏心第一（仏たちの心を第一となす）〉と、『文殊説般若経《もんじゅせつはんにゃきょう》』の〈一行三昧《いちぎょうざんまい》〉に従うことだ。仏の心を念じる者は仏であり、妄《まやかし》の念をもつ者は凡人である。

『文殊説般若経』に、文殊菩薩とお釈迦様のこんなやりとりがある。

〈「お釈迦様、一行三昧《いちぎょうざんまい》とは何ですか？」「一なる法界《ほっかい》に、法界《ほっかい》が一なることを通じてつながっていることを一行三昧《いちぎょうざんまい》と言う。（訳注：原文ではこの後から道信の発言としているが、『文殊説般若経』の文章と一致するため、『初期の禅史I』に従って釈迦の発言の続きと解釈する）善男善女の皆さんがこの一行三昧《いちぎょうざんまい》に入ろうと思うなら、その前に、般若波羅蜜（智慧の完成）について学び、学んだとおりに修行せよ。しかる後に、一行三昧《いちぎょうざんまい》に入ることができるだろう。そして、一度つながった法界《ほっかい》から後ずさったり、つながりを断ったりしなければ、想像を絶するような何のさまたげもない無形の境地に至るであろう。善男善女の皆さんが一行三昧《いちぎょうざんまい》に入ろうと思うなら、心をからっぽにして落ち着かせ、雑念をすべて捨て去らなければならない。姿かたちにとらわれることなく、心を一なる仏につなげて、ひたすらにその名前を呼ぶのだ。仏のいる方角にかかわらず、姿勢は真っ直ぐにして、仏の方へ向けよ。一なる仏を念《おも》い続けることができるなら、君のその念の中で、過去・現在・未来のあらゆる仏を見ることができるだろう。なぜなら、一なる仏の功徳は無限大で、無数のあらゆる仏によってなされた無数の功徳と一なるものだからである。不可思議な仏の法は、どこまでも平等で分け隔てがない。なぜなら、すべての仏が皆、一なる真如《しんにょ》という乗り物に乗って究極の真なる悟りへと導くのであり、無数の功徳と無限大の才能を備えているからである。このようにして一行三昧《いちぎょうざんまい》に入る者は、皆、無数の仏がいる法界《ほっかい》には一切の差異というものがないことを知るのである〉

何をしていようとも、身体も、頭も、胸の内も悟りの境地にいつもあるのであり、やることなすことすべてが菩提《さとり》そのものとなるのだ。

『普賢観経《ふげんかんぎょう》』には、〈業《カルマ》によるさまたげの大海は、すべて妄想から生まれる。懺悔しようと思う者は、姿勢を正して坐り、真理を念じよ〉とあるが、これを究極の懺悔と呼ぶ。三毒（貪《むさぼり》・瞋《いかり》・愚痴《おろか》という三種の根本的な煩悩）と、物事にとらわれる心を取り払いなさい。真理を覚《さと》り観じる心をもって仏を念《おも》い続ければ、君の心はにわかに澄みわたり、静寂が訪れ、物事にとらわれる心はなくなるだろう。

『大品経《だいぼんぎょう》』には、〈念《おも》う対象がないことを、仏を念《おも》う（念仏）という〉とある。「念《おも》う対象がない」とはどういう意味かというと、仏を念《おも》っている状態のことを「念《おも》う対象がない」というのである。心の外に仏があるわけでもなければ、仏の外に心があるわけでもない。仏を念《おも》うとは、つまり自分の心を念《おも》うことである。自分の心を求めることが、仏を求めることである。なぜなら、心にはかたちがなく、仏もかたちをもたないからである。この真実を知ることが、心を安心させるということである。いつも心に仏を念《おも》えば、物事にとらわれる心は起こらず、一切のかたちは消えて、どこまでも分け隔てなく平等な非二元の境地となる。このような境地に入ると、「わざわざ」仏を思い出そうとする心は消え去り、仏を呼ぶ必要もなくなってしまう。このような心を見たならば、それこそが、真理そのものとしての如来（仏）

の体（法身《ほっしん》）である。このような状態のことを、「正法（正しい道理）」、「仏性（仏の本質）」、「あらゆるものの実性（真なる本質）および実際（真なる境界）」、「浄土（浄《きよ》らかな世界）」、「菩提《さとり》」、「金剛三昧（ダイヤモンドのように堅固な心の安定）」、「本覚（本来の目覚め）」、「涅槃（完全なる安らぎ）」、「般若（大いなる智慧）」などとも呼ぶ。異名は数え切れないほど多いが、すべて本質的には同じ一つのもののことを言っている。このような境地には、観るもの、観られるものという意識は存在しない。

これほどの清浄な心を、いつも目の当たりにしているようになれば、外界の物事とのどんなつながりも、君の心を邪魔することはできなくなる。［なぜ邪魔できないのかといえば、このような心にとっては］あらゆる物事は一なる法身《ほっしん》であるからである。常にそのような心持ちでいるならば、どんな邪心も煩悩も、おのずと消え去る。一かけらの塵の中に無数の世界が入り、無数の世界が一すじの毛の先端の中に集まる。この世のすべてのものは、根本的には真如《しんにょ》（真理そのもの）であり、互いをさまたげ合うことはない。『華厳経』には〈一かけらの塵の中に、この宇宙の全世界の全現象が現れている〉とある。

心を安心させる方法を説明しよう。そのすべてを説明することは不可能であるから、概要を完結に述べる。しかるべき方法は、君たちひとりひとりの胸の内から出てくるであろう。

後学の人々の疑念を解くため、分かりやすいように、一問一答形式で述べるとしよう。

問い（以下Q）：如来の法身《ほっしん》がそのようなものならば、どうしてそれとは別に、身体的特徴のあるお姿もお持ちになり、世の中に現れて法を説かれるのですか？

道信《どうしん》禅師の答え（以下A）：まさに、如来の法身《ほっしん》が浄《きよ》らかで、完全であるからこそ、あらゆる人間的な現象があますことなくその中に現れるのだ。あらゆる現象を生じさせながら、法身《ほっしん》は何の心も起こすことがない。それはまるで、高い建物にかかっている鏡のようなものだ。鏡にはあらゆる像が映し出されるが、鏡そのものに心はない。にもかかわらず、鏡はあらゆる種類［の像］を現すことができる。『涅槃経』には、〈仏が世に現れて法を説くのは、人々の妄想による〉とある。君たち修行者が、心を完全に浄《きよ》らかにするまで修行することができたなら、そのとき、〈仏が法を説いたことはなかった〉ということに気付くであろう。そうなってこそ――姿かたちを持たずして、あらゆる姿かたち［を内包するもの］を知ったとき――学びは成就するのである。

だから、ある経典には、〈人々の教えを理解する能力は数え切れないほど［多種］多様であるから、［仏たちは］数え切れない方法で教えを説かれる。数えきれないほどたくさんの方法で説かれるために、教えの意味もまた数えきれないほど多様になる。その数えきれないほど多様な教えの意味は、一なる真理から生まれている。その一なる真理にはかたちがないが、あらゆるかたちをとることができる。これを真実のかたち（実相）とよぶ。これこそが完全なる浄《きよ》らかさである〉とある。

経典のこのような頼もしい言葉こそ、その証拠である。坐禅するときは、意識が初めて動き出すところから、意識の流れによく気付いているようにせよ。行ったり来たりする意識の流れに気づきながら、金剛《ダイヤモンド》のような智慧によってそれを見きわめるのだ。たとえば、草木が何かを知識として知ることはない。何も知るものがない智を、「すべてを知る智」と呼ぶ。これこそ、大乗の修行者（菩薩）のための「一相法門（真実にはすべてが一であるという教え）」である。

Q：禅のマスターとはどのような人ですか？

A：静寂にも、動乱にも、どちらの状態にも心を乱されない者、すなわち、禅的な心の使い方のコツを心得た者である。ずっと止《し》（心に起こる想念を止めて、寂静となった状態）にとどまっていても浮き世離れしてしまうし、ずっと観《かん》（対象や真理をありのままに観察すること）ばかりしていても、気が散ってしまう。『法華経』には、〈仏は、自ら大乗の境地にありて、自ら体得した法を、精神統一と智慧の力によって荘厳し、それによって人々を悟りへ導く〉と説かれておる。

Q：どうすれば、法というものを理解することができますか？　どうすれば、自分の心を明るく浄《きよ》らかにすることができるのですか？

A：仏の名を唱えるでもなく、心を縛るのでもなく、心を見守ることもなく、思考するのでもなく、瞑想するのでもなく、観《かん》の行法をするのでもなく、散乱させるのでもなく、ただ流れにまかせよ。追い払おうとも、引き留めようともしないことだ。ひとり静かに浄《きよ》らかさをとことんまで極めるとき、君の心はおのずから明るく浄《きよ》らかになっているであろう。真に観ることができさえすれば、心はすぐに明るく浄《きよ》らかとなり、くもりのない鏡のようになる。真に観ることを一年続ければ、心はいっそう明るく浄《きよ》らかとなるであろう。四、五年続ければ、さらに明るく浄《きよ》らかとなるだろう。人に教わったのがきっかけで悟りに達する人もいるし、何も教わることなく悟る人もいる。ある経典に、〈人々の心の本質は、水中に沈んだ宝珠のようなものである。水が濁っていると宝珠がどこにあるか分からないが、水が澄めば宝珠が見えてくる〉とある。

人々は三宝（仏・法・僧。すなわち仏と、その教えと、その仲間達）を嘲って僧の共同体の調和を乱し、真実でない意見や煩悩に汚染され、貪《むさぼり》と瞋《いかり》と無知に染まりきっておるために、自分の心そのものがもともと永遠に浄《きよ》らかであることに気づかぬのである。そのため、同じように学んだとしても、同じように悟りを得るわけではなく、人によって差がある。大体の場合、その差は、その人の精神的素養と因縁によって生じる。世の指導者となる者は、その違いを見分けることに長けていなければならない。

『華厳経』には、〈普賢菩薩の姿はあたかも虚空のようであり、一つの仏国土をよりどころとするのではなく、真如《しんにょ》をよりどころとする〉とある。つまり、悟ってみれば、どの仏国土もみな真如《しんにょ》なのであり、真如《しんにょ》の世界は何ものにもよりかかることがないのだ。

『涅槃経』には、次のように説かれている。〈無辺身《むへんしん》菩薩という者がいて、その体の大きさは果てしなく、あたかも虚空のようである〉〈（その無辺身《むへんしん》菩薩は）善の光明を放っており、まるで夏の太陽のようである〉〈その体には限りがないから、大涅槃とよばれる〉〈大涅槃――その本質は広大である〉

修行者には四種類いる。修行を実践し、原理を理解し、悟った者は最上。原理を理解し、悟ってはいるが、修行を実践しない者はその次。修行を実践し、原理も理解しているが、悟っていないのはその次。修行を実践してはいるが、原理的理解が伴わず、悟ってもいないのは最低である。

Q：さしあたって、観《かん》の行法をどのように実践すればよいですか？

A：流れにまかせ切ることだ。

Q：西方浄土に向かう必要はありますか？

A：もし、自分の心がもともと生まれもせず滅しもせず、どこまでも浄《きよ》らかであることに気づけば、そこがそのまま浄土、すなわち浄《きよ》らかな仏国土だ。わざわざ西方に向う必要はない。『華厳経』に〈悠久の時の流れが一瞬の心の中に含まれ、一瞬の心に悠久の時の流れが含まれる〉とあることからも、一つの方角にあらゆる方角があり、あらゆる方角は一つの方角でしかないと分かるだろう。〈西方浄土に向かえ〉というのは、仏の教えを理解する素養に欠けている人のための方便であって、優れた素養を備えた人々に向けた言葉ではない。

深い実践の境地に達した大乗の修行者（菩薩）は、あえて生死輪廻の流れの中に飛び込み、人々を悟りの境地へと渡し導きつつも、決して、苦しんでいる人々という実体がいると見て、かわいそうだから救ってあげたいなどという情を起こすことはない。もし、生死輪廻に苦しむ人々という実体があると見て、自分は救う側、人々を救われる側と見ているならば、「菩薩」とは呼べない。人々を悟りの境地へ渡すというのは、空《くう》を渡すようなものだ――かつて悟りの境地へ渡った者、そこからやって来た者という実体が存在したことがあったであろうか。『金剛経』には、〈数えきれないほど多くの人々を悟りの境地へと至らせながら、実際には一人として悟りの境地に至った者はいない〉とある。

第一段階に達した大乗の修行者（菩薩）は、まず、すべては空《くう》だと悟り、しかる後に、すべては空《くう》でないと悟る。これが分け隔てを超えた智慧である。また空《くう》は形でもある。形あるものは空《くう》である。形あるものを消滅させることが空《くう》なのではなく、形あるものそのものが本質的に空《くう》なのだ。修行者（菩薩）は、空《くう》を知ることを悟りだと考えがちだが、初心者が空《くう》を見たところで、それはただ空《くう》を見たというだけのことであり、それは本当の空《くう》ではない。道を修行して本当の空《くう》を悟った者は、これは空《くう》だ、これは空《くう》でないと見ることはない――そういう見方そのものがなくなっているからだ。形と空《くう》の意味をよくよく理解することだ。

心の使い方を学ぶには、心のはたらきを明るく浄《きょ》らかにし、ものごとの現象的なすがたをとことんまではっきりと理解しなければない。そうなって初めて、人々の指導者となるにふさわしい。また、内面と外面が一致し、理論と実践とが食い違わないようにすることも必要だ。文字や言葉へのとらわれを断ち、悟りを作為的に求めることもやめなければならぬ。すべてが一体となった浄《きよ》らかさの中で、自ら悟りの境地にいたるのである。

中には、究極的な法を理解していないのに、世間的な名声や利益のために人々を指導する者もいる。こういう者は、［弟子の］素養や因縁の浅深の度合いを見分ける目がない。だから、弟子がちょっと悟ったような様子を見せると、実際は悟っていなくても、悟ったというお墨付きを与えてしまう。なんと痛ましい。まったくとんだ災難だ。弟子の心持ちが明るく浄《きよ》らかに見えただけで、すぐにお墨付きを与えてしまうような者は、仏の教えを台無しにし、自らを欺き、他人をも欺いている。［真の道から］これほどかけ離れた心の使い方をしながら、さも悟ったように見せる者は、本当に心を会得しているとは言えない。本当に心を会得した者は、自分で自分の心をはっきりと知っている。長い時間をかけて、法の眼がおのずから開き、空《くう》なるものと人為的なものとをみごとに見わけるようになるのだ。

［死んだら］肉体はなくなり、心の本質そのものが消滅してしまうと思っている者たちがいるが、これは断滅論的な見方であって、外道に他ならぬ――仏教ではない。

また、死んで肉体が滅んでも心は消滅することなくずっと存在し続けると思っている者もいるが、これは常住論的な見方であって、やはり外道に他ならぬ。

現代の仏教徒で、真理をはっきりと理解している者は、心の本質そのものが消滅してしまうとは考えない。だから、いつも人々を救いながらも、決してかわいそうな救うべき実体があるものとして見ることなく、いつも智慧を学びながらも、智慧と愚かさを分け隔てなく平等に扱い、いつも禅定《ぜんじょう》（精神が統一された無念無想の境地）に入り、心の静けさと迷いとを区別することがない。人々を実体的な存在とみなすことなく、究極的には生まれることも滅することもないものとして見る。いたるところに姿を現わしながら、主観をもたず、すべてを完全に理解し、何かにとらわれたり何かを忌避することはない。自分の体をさまざまな姿に分けることなく、その姿は全宇宙のどこにでも現れる。

また、昔、［天台］智顗《ちぎ》禅師は次のように教えられた。

〈道を学ぶには、必ず、原理的な理解と修行の実践とを一致させることだ。まずは、自分の心の根源と、心そのもの、そしてその働きを知れ。内なる原理をはっきりと見通し、一点の疑念もなく明瞭に理解せよ。しかる後に、はじめて修行が完成する〉

一理解すれば千従うが、一迷えば万迷う。わずか一すじの毛ほど間違うだけで、千里も行き違ってしまうのである。この言葉は、決して誇張ではない。

『観無量寿経《かんむりょうじゅきょう》』には〈諸仏の法身《ほっしん》は、人々の心の中にある〉とある。

その心が仏なのだろうか、それともその心によって仏となるのであろうか？　心こそ仏なのだ――決して、心の外に別の仏がいるのではないと気付かねばならぬ。［この真理に至る方法を］手短にまとめると、次の五種類ある。

一　心そのものを知ること――心そのものはもともと清浄であり、仏とまったく同じであると知る。

二　心の起こす作用を知ること――心によって法という宝が生まれ、永遠なる静寂が生み出されるのであり、心がどんなに乱れようとみな真如《しんにょ》であると知る。

三　たえず目覚めていること――常に、目覚めた心が今ここにあるようにして、目覚めた心で覚知する真実にはかたちがないと知る。

四　自分の肉体を本質的に空《くう》として常に観ること――肉体の内と外の隔てをなくし、自分の肉体ごとすんなりと真理そのものの中に入る。

五　一つのものを守って移ろうことなく（守一不移《しゅいつふい》）、動にあっても静にあっても心を常に一つのものにとどめること――そうすることで、修行者は自らの仏としての本質をはっきりと見て、早く禅定《ぜんじょう》（精神が統一された無念無想の境地）の門に入ることができる。

さまざまな経典に多くの瞑想の方法が説かれていますが、［道信《どうしん》］大師（訳注：この大師は傅《ふ》大士《だいし》を指すという解釈もある）が説いたのは、「一つのものを守って移ろわぬこと」（守一不移《しゅいつふい》）だけでした。

まず、自分の肉体を観察する修行をしなさい。肉体が基本である。肉体としての我々人間は、物質を構成する地・水・火・風の四つのエネルギー（四大《しだい》）と、人間の存在を構成する色《しき》・受《じゅ》・想《そう》・行《ぎょう》・識《しき》の五つの要素（五蘊《ごうん》）の集まりであり、いずれははかなく消えゆくもので、その定めからは決して自由にはなることはない。今のところはまだ分解されていないとしても、究極的には空《くう》なのである。『維摩経』にも〈この肉体は浮き雲のようにははかない。たちまち移り変わり、消え去る〉とある。

また、常に、自分の肉体を影——目に見えはするがとらえどころがないもの——のように実体がなく浄《きよ》らかなものとして観なさい。智慧は、その影の中から生まれ、究極的にはどこにあるということもない。動かずしてあらゆる物事に対応し、いかようにも変化する。このような空《くう》の中に眼・耳・鼻・舌・身・意の六つの感覚器官が生まれる。その六つの感覚器官もまた、本質的には空《くう》である。六つの感覚器官に対応する六つの感覚対象（色《しき》・声《しょう》・香《こう》・味《み》・触《そく》・法《ほう》）もまた、夢幻《ゆめまぼろし》であることを完全に理解するのだ。

たとえば、眼がものを見るとき、眼の中にものが存在するわけではない。鏡が人の顔をありありと映すのと同じように、空《くう》の中に顔かたちの像が現れているだけのことで、鏡の中には何もない。当然のことながら、人の顔が鏡の中に入ってきたのでもなければ、鏡が出ていって人の顔の中に入っていったのでもない。このようにつまびらかに吟味していけば、鏡も顔も、はじめから出てきたのでも入ったのでもなく、行ったのでも来たのでもないと分かる。これこそ、如来、すなわち「真如《しんにょ》より来たる者」が意味するところである。

こうして、細かく分析していくと、眼も鏡も、もともと実体がなく空《くう》であった［ことが分かる］。鏡がものを映すのも、眼がものを映すのも、まったく同じことである。その応用で、鼻や舌などのさまざまの感覚器官も同様である［ことが分かる］。眼がもともと空《くう》であるとわかれば、見たと思う姿かたちはすべてここにはないかたちだと分かる。同様に、耳が音を聞くときはここにはない音であると分かるし、鼻が香りを嗅ぐときはここにはない香りであると分かるし、舌が味を判別するときはここにはない味であると分かるし、身体が触覚を感じるときはここにはない触覚だと分かる。このようにものを観て、観たものに実体がないと分かるということは、空《くう》を観るということである。そう分かったうえでものを見るとき、ものをかたちとして受けとめることはない。

かたちとして受けとめないことが空《くう》であり、空《くう》であるというのはかたちがないことであり、かたちがないというのは作為がないということだ。これが解脱の門である。解脱するとき、その修行者のすべての感覚器官はこのようになっている。ここでそれぞれの感覚器官をあらためて説明する必要はないだろう。

眼・耳・鼻・舌・身・意の六つの感覚器官は本質的に空《くう》であり、見たり聞いたりするものはないということを、常に心に留めておくように。『遺教経《ゆいきょうぎょう》』には〈そのときは真夜中で、しんとして何の音もしなかった〉とある。このことからも、如来の説く教えは、空《くう》を根本とすることが分かるだろう。六つの感覚器官が本質的に空《くう》であることを常に心に留め、いつも真夜中のようであれ。昼間に見たり聞いたりするすべてのものは、身体の外のことである。身体の中は常に浄《きよ》らかな空《くう》とし、一つのものを守って移ろうことなく（守一不移《しゅいつふい》）、このような浄《きよ》らかな空《くう》の眼で、集中して一つのものを見よ。昼であろうと夜であろうと、精一杯努め、心が動かぬようにせよ。心が散乱しそうなときは、すぐさま引き戻せ。鳥の足を縄でくくりつけて、飛び立たとうとしてもしっかりと固定されているようにだ。そうやって常に観ることをやめなければ、やがて心は浄《きよ》らかになり、自然に安定するだろう。『維摩経』に〈心を統一することが悟りの場所である〉とあるが、今言ったのが心を統一する方法である。『法華経』には、〈幾千万劫もの長い間、眠気を払い、常に心を統一させてきた。その功徳により、禅定を生じることができた〉とある。『遺教経《ゆいきょうぎょう》』にも、〈心は、眼・

耳・鼻・舌・身の五つの感覚器官の中心であるから、心を一つのところに保てば、何でもできる〉とある。

ここまで述べたことは、大乗仏教のまことの道理である。すべて経典によるものであって、真理から外れたことを口からでまかせで言っているのではない。［上に述べた修行法は］煩悩を離れた行為であり、究極の教えであり、声聞《しょうもん》の段階を飛び越え、菩薩道の世界に直行するものである。

これを聞いた者は、実践しなければならぬ。決して猜疑心を抱かぬように。たとえば、弓術を習うとき、初めは大きい的を狙うが、徐々に小さい的に命中させられるようになる。一本の羽根に当てることができるようになったら、一本の羽根に当てて百本に裂くことができるようになり、百分の一になった羽根に当てられるようになる。さらには後に射た矢で前に射た矢を狙って、前の矢の矢はずに当て、前の矢と後の矢とが一直線に連なって、前の矢が落ちないようにすることができる。

人が悟りの道を修める場合も同じことである。常に心を統一し、心が一瞬も途切れることなく連続するようにして、正しい心が絶えず目の前にあるようにするのだ。ある経典にも〈智慧の矢で三解脱門（訳注：一切を空《くう》と観ずる、一切にかたちがないことを観ずる、作為の念を捨てる、という三種の解脱の門）を射て、矢と矢とが互いに支え合って落ちてこないようにせよ〉とある。

また、［道を学ぶのは］木を擦って火を起こすのにも似ている。熱くならないうちにやめてしまっては、火がほしくても手に入らないであろう。

［道を学ぶのは］こんな風にたとえることもできる。何でも叶えてくれる魔法の宝珠を持っていた家族が、うっかり宝珠をなくしてしまったとする。それからというもの、その家族は宝珠のことばかり考えて、片時も忘れることはないだろう。

また、肉に刺さった毒矢にもたとえられる。棒の部分は引き抜いても矢じりは残っていて、その苦痛のため、片時も忘れることができず、いつも心に居座っているだろう。［道を学ぶには］このような心構えでなければならない。

この法の秘訣《おしえ》は、しかるべき人にしか伝えることはできない。何もけちけちして教えぬのではないぞ。その人が教えを信じずに、真理の教えをけなす罪を犯すことを恐れるからだ。伝える相手はきちんと選ばねばならない。早まってやすやすと教えてはならない。くれぐれも、くれぐれも気をつけることだ。真理の海は途方もなく広いが、その海を渡る秘訣は、ただ一つの言葉だけで事足りる。意味が分かってしまえば、その言葉も忘れてしまう。このうに、一つの言葉すら必要ないくらいに、完全に理解するのが、まさに仏の心を悟るということなのである。

初心者が坐禅瞑想するときは、一なる静寂の中で、体と心をそのまま観よ。物質を構成する地・水・火・風の四つのエネルギー（四大《しだい》）、人間の存在を構成する色《しき》・受《じゅ》・想《そう》・行《ぎょう》・識《しき》の五つの要素（五蘊《ごうん》）、眼、耳、鼻、舌、触覚、意識、貪《むさぼり》、瞋《いかり》、愚痴《おろか》、またあらゆる現象――善悪を問わず、敵味方を問わず、凡人と聖人を問わず――を観察せよ。これらすべてがもともと空《くう》で、生まれもしなければ滅することもなく、分け隔てなく平等で、対立する二者はないことを観よ。はじめから存在するものは何もなく、究極的な寂滅があるのみであった。はじめから浄《きよ》らかな解脱があるのみであった。この観察は、夜も昼も、歩いているときも立ちどまっているときも、坐っているときも横になっているときも、常に行うことだ。そうすれば、自分の肉体があたかも水中に映る月の影のようであり、鏡に映る像のようであり、暑い日に見えるかげろうのようであり、ひっそりした谷間に響く山びこのようであることに気づいてくるだろう。

もし、それが「有る」と言うなら、見つけようとしてもどこにも見つけることはできない。もし、それが「無い」と言うなら、完全に悟ったときにはいつも目の前にある。真理そのものとしての仏の体（法身《ほっしん》）も、このようなものである。そうと分かれば、私たちの身体は、はるか遠い昔から、究極的には生まれたことはなく、これから先も、究極的には死ぬ主体はいないのだと気付くだろう。もし、このような観察を常に続けることができるなら、それは真の懺悔となる。幾千万劫の長い間に積もり積もった悪の業《カルマ》も、自然と消えていくことであろう。

もっとも、猜疑心に満ち、信じる心を持つことのできない者は、悟りを開くことはできない。しかし、信じる心を持って、これ［観《かん》の手法］に従って実践を行う者なら誰でも、生滅変化の迷いを超えた絶対真理の世界に必ずや入ることができるだろう。

付け加えて、心が別のものにつながってしまったことに気付いた場合は、すぐにその生じたものを観じ、それが究極的には生じていないことを観よ。心がそうしたものにとらわれたとしても、それがどこからか来たのでもなければ、どこかに行くわけでもないことを観よ。心が何かにとらわれゆくそのプロセスを常に観じながら、妄想や幻想や雑念を観ていくのだ。そうして、迷いの心が起こらなくなるとき、君の心は大きな落ち着きを得るだろう。そういう心の落ち着きを得たならば、対象にとらわれる思考も消え失せ、すべては静かに安定するだろう。それに伴って煩悩も止み、古い煩悩は片付き、新しく煩悩を起こすこともなくなるだろう。これが観《かん》による解脱である。

［この観《かん》という手法を実践すれば、］もし心に煩脳が生まれ、抑うつ、迷い、無気力などに沈んだとしても、それを観るうちにたちまち霧散し、自然と落ち着いてくる。心は徐々に安らかになり、あるべき状態におさまるはずだ。

心そのものが安らかに浄《きよ》らかになれば、あとは、自分の頭についた火を消すように、必死にやるだけである。怠けることなく努力せよ。努力せよ！

　初心者が座禅瞑想して心を観るには、ひとりになれる場所で座り、まずは姿勢をまっすぐにしてきちんと座る。服やベルトは緩めておく。自分の身体を七～八回ほどマッサージして全身をリラックスさせる。お腹の中の空気を口からすべて吐き出す。そうすれば、もとからある本性の浄《きよ》らかさ、空《くう》、平和がみなぎっているのに気付くだろう。

　体と心がうまく調整されて、心と魂が安らかになると、何とも言えず奥深い心持ちの中で、呼吸は清く静まっていく。心が徐々に統一されていくにつれ、精神は澄みきって鋭敏になり、心境は明るく清らかになる。よりはっきりと観られるようになってくると、内も外も浄《きよ》らかな空《くう》となる――これが、心の本性である涅槃の境地である。この涅槃の境地において、聖なる心が顕れる。本性は固定したかたちを持たぬとはいえ、その内なる意図と道理は常にそこにあるのであるから、幽玄なる光は止むことなく、常に明るい輝きを放っておる。これを仏《ぶっ》性《しょう》と呼ぶ。仏性《ぶっしょう》に目覚めた人は、永久に生死の輪廻から離脱するため、「この世を出離した人（出世者）」と呼ばれる。

　こうしてみると、『維摩経』に、〈目の前がからっと開けて本来の心を取り戻した〉と言っているのは、まったくその通りなのである。仏性《ぶっしょう》に目覚めた人は、「菩薩」、「道を悟った人」、「達した人」、「本性を知った人」などと呼ばれる。ある経典に〈深遠な霊的エネルギーに満ちた一つの言葉は、時を経ても朽ちることがない〉とあるのも、このことである。

ここまで話してきた方法は、初心者向けの方便（真実の教えに導くためのてだてとして仮に用いる手段としての教え）である。道を修めるには方便があるのであり、それに従うことによって、聖人の志と一致するということが分かっている。

一般的に、肉体を捨て去るには、まず心を落ち着けて空《くう》にし、心と心がとらえる対象を静止させることだ。この方法により、思考は神秘的な静止へと変わり、心は移ろわぬようになり、心の本性は静かに落ち着いていき、物事にとらわれる心は断ち切られる。心は奥深く融け合い、浄《きよ》らかさの結晶となり、空《くう》となり、分け隔てなく平等で、安らかで、静かになる。肉体的な力は尽き、浄《きよ》らかな真理そのものとしての仏の体（法身《ほっしん》）に常住して、生死輪廻から自由になるだろう。

しかし、心が移ろい、心の統一を失ったならば、生死輪廻を免れることはできない。それは「心の統一を失ったことによる」当然の結果である。そこには作為がある。真理にはもとより「そのような作為的な」ものはない。そのようなものを超えた真理こそ、真理と呼ぶのである。真理には作為がないから、作為のない真理こそ、本当の真理である。ある経典にも〈空《くう》となり、作為がなくなり、願望がなくなり、かたちがなくなる——それが本当の解脱《さとり》である〉とある。このように、本当の真理は作為を超えている。今述べた肉体を捨て去る方法というのは、肉体を常に観ることによって、心境と心がとらえる対象とが明らかに照らし出されてくることを利用している。その精神の明るさによって［肉体を］脱ぎ捨てるのだ。

［道信《どうしん》禅師の語録］

荘子は、〈天地は一つであり、万物は一つである〉と言っているが、ある経典には〈一といっても、一なのではない。［一という言い方をしているのは］さまざまなものの区別を否定しようとしただけである。これを知恵が浅い人が聞くと、一というのだから一なのだと思ってしまう〉とある。つまり、荘子は未だ一なるものにとらわれているのだ。

『老子』に〈なんと奥深くかすかなことか。その中に精神がある〉とあるが、［この文の組み立て方は］外側では姿かたちを超えていても、内側に心を残している。『華厳経』には〈二元的なものにとらわれるな、一も二もないのだから〉とあり、『維摩経』には〈心は内にあるのでもなければ外にあるのでもなく、その中間にあるのでもない〉とある。このような根拠から、老子は内なる精神の意識にとらわれていることが分かる。

『涅槃経』には〈生きとし生けるものは、みな仏性《ぶっしょう》をもっている〉とある。土・木・瓦・石のような無生物は仏性《ぶっしょう》を持たぬなどとどうして言うことができようか。［もしそうだとしたら］どうしてそれらが法《おしえ》を説くことができようか。ヴァスバンドゥ（世親）の『天親論《てんじんろん》』

には〈応身や化身の仏は、本当の仏ではないし、また法《おしえ》を説くものでもない〉とある。

第六部
弘忍《こうにん》大師

蘄州《きしゅう》、双峰山の幽居寺　唐の時代

道信《どうしん》禅師の後を受け継いだのは、弘忍《こうにん》禅師でした。弘忍《こうにん》は、奥深い不思議な法《おしえ》を伝える方として尊敬を集め、時の人は「彼の一門を」「東山《とうざん》の浄《きよ》らかなる法門」と呼びました。出家・在家の都の人々が「蘄州《きしゅう》の東山には、悟りを開いた人が多い」と絶賛したため、東山の法門と呼ばれるようになったのです。

あるとき「道を学ぶのに、どうして都に向かわずに山の中に住むのですか」と聞かれて、弘忍《こうにん》はこう答えたといいます。

「立派な建物を支える材木は、奥深い山や谷から運んでくるもので、人里に生えたものではない。人々から遠く離れているために、切り倒されたり、傷つけられたりすることなく、一本一本立派に育った後に、はじめて棟や梁として役に立つのである。このことから、精神を奥深い谷間に住まわせ、都会の喧噪や汚れから距離をおき、山の中に自分の本性を育て、常に世俗的なものごとを断つにはどうしたらいいかが分かるだろう。目の前に何もなくなれば、心は自然に安定する。そこから悟りの樹が花を咲かせ、禅定《ぜんじょう》の森が実を結ぶのだ」

弘忍《こうにん》大師は、ひとり浄らかに坐禅するばかりで、筆をとることはありませんでした。奥深い道理を口伝えで説かれ、沈黙のうちに人々に伝授されました。禅の手法を記したある書物が、弘忍《こうにん》禅師の著作だという説がありますが、それは誤りです。

安州寿山寺の長老である玄賾《げんさく》さまが編纂された『楞伽人法志』によれば、次のとおりです。

弘忍《こうにん》大師の俗姓は周と言い、その先祖は尋陽《じんよう》の人で、本籍は黄梅県《こうばいけん》（訳注：現在の湖北省黄梅県）です。幼い頃に父親に捨てられたことから、母親を養い、よく孝行しました。七歳のときに道信《どうしん》禅師に師事し、出家してからは双峰山の幽居寺に住んでいました。その心は慈悲に満ちあふれ、人々を悟りに至らせることに心をくだかれ、気高く純粋な志をお持ちでした。物事の良し悪しを判断するような場面ではかたく口を閉ざされ、かたちあるものと空《くう》が融け合った境地におられました。人々は弘忍《こうにん》大師のためによく働き、法《おしえ》を学ぼうという者たちが弟子として教えを乞いました。弘忍《こうにん》大師は、心を整えて全宇宙を観るということを自らの務めとしていました――大師は、まさに観ることによって真理を悟られたのです。

［弘忍《こうにん》大師にとっては］歩いていても、立っていても、坐っていても、横になっていても、何をしていてもすべてが悟りの場所であり、体を動かすことも、口でものを言うことも、心にものを思うことも、すべてが仏の行いでした。大師にとっては、静寂と混乱は対立する二つのものではなく一つのもので、語ることも沈黙することもまた一つのものでした。当時は、出家も在家もあらゆる階級の人々が各地からやってきては、教えを乞い、師と仰ぎました。空っぽでやってきては、大満足で帰っていく、そういう者たちが毎月何千人もいました。弘《こう》忍《にん》大師は生前、著述はされませんでしたが、大師の真実は仏の深遠なる教えと一致していました。

この頃、荊州の神秀《じんしゅう》禅師が、弘忍《こうにん》大師の気高い規範に帰依し、親しく奥義を伝授され、将来を託されました。（わたくし）玄賾《げんさく》は、六七〇年に双峰山に参り、謹んで教えをうけ、通算五年間、弘忍《こうにん》大師のお側に出入りしてお仕えしました。

大師のもとには、出家や在家の人々が集って勤労奉仕をしていましたが、弘忍《こうにん》大師はそうした方々に『楞伽経』の意味について説かれ、〈この経典は、自分の心で体験的に理解するしかない――字句を解釈することによって理解できるものではない〉とおっしゃいました。

六七四年の二月、弘忍《こうにん》大師は（わたくし）玄賾《げんさく》たちに、塔を建てるようにお命じになりました。わたくしたち門人は、みんなで力を合わせて四角い自然石を運んできて、立派に美しく組み上げげました。二月十四日に、大師が「塔はできたか」と問われました。「できました」と申し上げげると、大師は「仏陀の入滅された日と同じにしてはならないというならば、我々が聖なる寺院だと思っていたのは実は世俗の家だったということだ」とおっしゃいました。

大師はこうもおっしゃいました。

「わしはこの一生で、数え切れぬほどの人を教えてきたが、優秀な者の多くはすでに亡くなってしまった。これから先、わしの道を伝えることができると認めている者は、わずか十人に過ぎない。神秀《じんしゅう》と『楞伽経』について語り合ったことがあるが、彼は奥深い道理をよく呑みこんでいたから、きっと多くの人々のためになるだろう。資州の智詵《ちせん》と白松山の劉主簿は、両人とも優れた素質を備えておる。華州の恵蔵と随州の玄約《げんやく》は、［優秀だったと］記憶しているが、その消息を知らぬ。嵩山の老安は、道を深く実践している。潞州《ろしゅう》の法如と韶州《しょうしゅう》の慧能《えのう》（訳注：漢文では恵能。ここでは後代の文献で一般的な「慧能」に統一）と揚州の高麗僧智徳、彼らはいずれも世の指導者となる資格のある人物だが、地方でちょっと知られているだけにすぎん。越州の義方は、今後も教えを説いていくであろう」（わたくし）玄賾《げんさく》に向かっては、「君は（座禅と学問の）両方に優れているから、それをよく守り大事にすることだ。わしが死んだ後、君は神秀《じんしゅう》とともに仏法の光明をこの世に再び輝かせ、心の燈火をもう一度照らさねばならぬぞ」とおっしゃいました。

二月十六日、弘忍《こうにん》大師は「今、わしの心が分かるか」と［弟子たちに］問われました。（わたくし）玄賾《げんさく》が代表して「分かりません」と申し上げると、大師は手をあげて十の方向を指し、「一つ一つが、悟った心について述べている」とおっしゃいました。十六日の正午に、弘忍《こうにん》大師は南に向いて深い瞑想に入られ、目を閉じるとすぐに亡くなられました。七十四歳でした。

馮茂山《ひょうも》（訳注：東山のこと）に埋葬されましたが、［ご遺体は］今もありし日のままのお姿です。安州寿山寺の壁には、范陽《はんよう》の盧子産《ろしさん》が描いた大師の肖像画があります。前の陸軍大臣であった隴西の李逈秀が、次のような追悼の句を送りました。

「偉大なる師よ。真実の道に合致され、心を統一し、人知を超えられた。その気高い悟りは神に通じ、もはや生を受けることはないにもかかわらず、入滅のお姿を示されることで、世間のけがれを分かち合われた。今ここで、師はそのお姿を変えられた。いつの日か、誰かがそこに並び立つことができよう」

【弘忍《こうにん》大師の語録】

「ここに部屋がある。その中はごみくずでいっぱいである。これは何か」「ごみくずがすっかり片付けられ、塵一つなくなったとする。これは何か」

「坐禅するときは、顔の緊張を緩め（訳注：漢文は「平面」であるため、『初期の禅史Ⅰ』などでは「水平な場所で」と解釈されている)、きちんとした姿勢でまっすぐ座り、体と心をリラックスさせ、全空間を見通したはるかかなたに一つの文字を見つめることだ。そうすれば、自然と必要なプロセスが進んでいくであろう。初心者は、物事にとらわれやすいものだ。まずは、心の中で一つの文字を観ることだ。目覚めを経験した後は、座禅していると、まるで広い野原の中で、はるかに一つだけ飛び出た高山にいるような感じがしてくる。その山の頂上の地面に坐り、全方位をはるか遠くまで見まわしても、まるで果てが見えない。このように、坐禅するときは、自分が世界いっぱいに広がるような感じで、体も心もリラックスさせ、仏の境地を味わうのだ。真理そのものとしての仏の体(法身《ほっしん》)は、浄《きよ》らかで果てしない。それと同じような状態を味わうと言ってもよい」

「君が大いなる法身《ほっしん》を見るとき、一体誰がそれを見ているのか?」

「仏の姿には三十二のしるしが揃っているというが、水がめにもそれがあるだろうか? 建物にもあるだろうか? 土や木や瓦や石のような無生物にも三十二のしるしがあるだろうか?」

あるとき、弘忍《こうにん》大師は燃え木の長いものと短いものを取って問われました。「どちらが長く、どちらが短いか。」

「灯火を灯したり、いろいろな物を作り出している誰かがいるとする。それを見た誰もが〈あの人は夢幻を作り出し、術を操っているのだ〉と言う中で、〈あの人は何も作り出してはいない——あらゆるものは大いなる涅槃なのである〉と言う人もいる」

「生まれていることそのものが、不生不滅の法理であることを完全に理解する。生という現象とは別に、不生というものがあるのではない。龍樹《ナーガールジュナ》は〈何ものも、自ら生まれることはなく、また他の原因によって生まれることはなく、［自と他を］合わせた原因によって生まれることもなく、また何の原因もなしに生まれるのでもない。このことから、生まれるということなどないことが分かる〉と言っている。ものは縁によって生まれるから、それ自体は個別の実体を持っていないことになる。個別の実体がないのに、どうしてものが［絶対的な意味で］存在することができようか」

「天空には中心というものがない。さまざまな仏の体もそれと同じである。仏性《ぶっしょう》に完全に目覚めたと私が印可するのは、君たちがそのような境地に至ったときである」

「君が寺の中で坐禅しているとき、君の体は同時に山の木々の下でも坐禅しているだろうか？　あらゆる土や木や瓦や石［のような無生物］も、君と同じように坐禅することができているだろうか？　土や木や瓦や石も、君と同じようにかたちを見たり、音を聞いたり、衣服を着たり、食器を持つことができているだろうか？『楞伽経《りょうがきょう》』に、〈境界《もの》たる法身〉と言っているのは、このことである」

第七部

神秀《じんしゅう》大師　荊州、玉泉寺（訳注：現在の湖北省江陵県）

玄賾《げんさく》大師　安州、寿山寺

恵安《えあん》大師　洛陽の嵩山《すうざん》会善寺

ここに述べる三人の大師は、唐の則天武后、中宗、睿宗《えいそう》という三代の天子の国師となられた方です。いずれも、弘忍《こうにん》大師がかつて「これから先、わしの道を伝えることができると認めている者は、わずか十人に過ぎない」とおっしゃったときに、将来悟りを開くことを予言された（そして法を受け継いだというお墨付きを与えられた）方々です。

安州寿山寺の玄賾《げんさく》大師が編纂された『楞伽人法志』には「神秀《じんしゅう》禅師は、俗姓を李と言い、汴州尉氏《べんしゅういし》（訳注：現在の河南省尉氏県）の出身である」とあります。

神秀《じんしゅう》大師は、悟りの道を一心に求め、長い旅の末、蘄州《きしゅう》双峰山の弘忍《こうにん》禅師のもとに辿り着き、禅の教えを授かりました。［神秀《じんしゅう》禅師の内側に］禅の灯火が静かに灯り、言葉で述べるという手段が断たれ、心の作為も消え失せたため、著述を出されることはありませんでした。その後、荊州の玉泉寺にお住まいになっておられましたが、七〇一年に則天武后の勅命によって東都《とうと》（訳注：洛陽）に召し出されて国師となられ、則天武后にお伴して東西の都を行き来しながら、人々に仏法を授けられました。

あるとき、則天武后が神秀《じんしゅう》禅師に「あなたがお伝えになっている教えは、どこの宗門の教義なのですか」と問われたことがありました。「蘄州《きしゅう》の東山法門を受け継いでおります」と言うと、さらに則天武后は「どういう経典をよりどころとしているのですか」と問われました。禅師が「『文殊説般若経』の一行三昧の説によっています」とお答えになったところ、則天武后は「道を修めるのに、東山法門を超えるものはない」とおっしゃったそうです。神《じん》秀《しゅう》禅師は［東山《とうざん》の］弘忍《こうにん》禅師の門人だったため、それが［則天武后から］認められたのです。

七〇五年三月十三日、中宗は、［神秀《じんしゅう》禅師を讃える］次のような勅語を下されました。

「禅師の足跡は世俗のけがれを離れ、その精神は物質世界の外に脱け出て、無形の神秘的な真理に合致し、煩悩にしばられた人々に道を指し示しておられる。［禅師の］湛えた水のような禅定《ぜんじょう》は内に澄みわたり、真珠のような戒律の輝きは外に溢れている。人々は仏教に心を引かれ、国のあちこちからはるばる弟子たちがやってきては、教えの門が開かれることを願い、道の指導者にお会いすることを待ち望んでいる」

後年、神秀《じんしゅう》禅師が帰郷を望まれたことがありましたが、許されませんでした。そのお志の高潔さから、望郷の念に長くとらわれることはなかったのです。遺された手紙からそのときの思いがうかがわれますが、それも要点のみで多くは語られませんでした。神秀《じんしゅう》禅師は、こうして二帝につつしんで奉仕し、二都で教えを説かれました。国家も人民もその恩恵を受け、悟りを得た人は数えきれないほどでした。勅命により、その故郷に報恩寺が建立されました。

七〇六年二月二十八日、神秀《じんしゅう》禅師は東都の天宮寺で、何の病気もなく、静かに坐禅したまま、「屈、曲、直」という三つの言葉を遺し、その生涯を終えられました。齢は百歳を超えていました。僧俗男女を問わず、街中の帰依者たちが力を合わせて、国中の仏教施設を飾り付け、遺体は儀礼に則って龍門山（訳注：現在の河南省洛陽県西南）に葬られました。駙馬都尉《ふばとい》（訳注：皇帝の車の護衛役であり、皇帝の娘婿が任ぜられた）の役にある夫君とその皇女たちは、こぞって禅師を偲ぶ詩をささげました。

勅語の言葉

故神秀《じんしゅう》禅師――不可思議な心が外側に溢れ出し、霊的な働きが内側に満ちたお方――は、非二元と奥義を探求し、まさに、髻《まげ》の中の宝珠（訳注：転輪聖王《てんりんじょうおう》の髻《まげ》に秘蔵された宝珠。隠された奥義の意）を探り当てられた。真実絶対の一なる門を守り、ひとり、心の鏡を高くかかげ、輝く悟りを完成されて、ものごとの流れに常に順応されていた。その明るく輝く作為のない自由な精神をもって物質世界と交わられたため、禅師が知覚したものはみな浄《きよ》められ、災いは払いのけられた。百歳にして意気ますます盛んで、精神を日々研ぎ澄まし、それによって私たちが知覚できる意識のはかりしれない奥底まで見通して、多くの人々の耳目を導かれたのである。禅師は、概念として教えを伝えるのではなく、大いなる慈悲の心をもって、その身を［すべての人々の］身と同じくされ、臨機応変に方便を用いて親切にご指導くださった。人というものは、ひとたび「石膏でできた太陽」のような［本当の真理ではなく、つくられたもっともらしい真理にすがる］考え方にはまると、概念として伝えられた教えのことばかり思い続けてしまうものだ。もちろん、［禅師ご自身は］真理そのものが名前を超え、姿かたちを超えていることを悟っておられるから、死後に崇拝されることを望んでいらっしゃるわけではないことは承知の上であるが、生前、禅師は師弟関係に非常に厳しく、また［仏教の］興隆を心から望んでおられた。そこで、ここに「大通《だいつう》禅師」というおくりなを授与する。

別の勅語

太子洗馬《たいしせんば》（訳注：皇太子の付き人）の盧正権をつかわして勅使とし、［禅師の遺体を］荊州の門人のもとに送り届けさせる。また寺の額を盧正権に託する。盧正権は帰還後、委細を報告せよ。

神秀《じんしゅう》禅師の門人たちの言葉

われらの師のなんと至高であることか。道の果ての果て、本当の真理、浄《きょ》らかなる解脱へと到達なされ、真理を完全に悟られた。至上の道を説き、至上の智慧への道を開いてくださった。師の足跡は一なる心の中に溶け去り、その中では過去・現在・未来という時間も忘れてしまう。かりそめの言葉を用いて内なる真理を明らかにされ、内なる真理に従って、真理と一体になられた。常に真理の舟となって人々を彼岸に渡しつつ、決して人々を救済の対象とみなされることはなかった。

神秀《じんしゅう》禅師の語録

「『涅槃経』に〈よく一字を知るものを律師と呼ぶ〉とある。文章は経典の中からもたらされるが、それを実証するものは君の心の中にある」

「その心というものは、心を持つだろうか？　その心はどんな心だろうか？」

「ものを見るとき、そのものは存在するだろうか？　ものとはどんなものだろうか？」

「鐘を打つ音が聞こえるとき、その音は、叩くときにあるのか、それとも叩く前に音があるのか？　その音はどんな音か？」

「鐘を打つ音は寺の中だけにあるのか、それとも全世界中にも鐘の音があるのか？」

「肉体は滅しても、その影は滅することはない。橋は流れ去っても、川は流れ去らない」

「わしの道の教えは、つきつめれば、体と用という二つの言葉に行き着く。これを『二重に奥深い教え』ともいう。また『真理の輪の展開』、『道の修行の成果』ともいう」

「何も見ぬ前にものを見るのだ、見る時は、見たものをあらためて見るのだ」

「『瓔珞経《ようらくぎょう》』には〈菩薩は真理を悟ったうえで寂滅しているのに対し、仏は寂滅しながら真理を悟っている〉とある」

「一粒の芥子の実が須弥山《しゅみせん》の中に入り、須弥山《しゅみせん》が一粒の芥子の実の中に入る」

鳥が飛んでゆくのを見て一言、「あれは何だ？」

「木の枝の先端で坐禅して、時間をなくすことができるか？」

「壁の中をまっすぐ通り抜けることができるか？」

「『涅槃経』に、〈無辺身菩薩という果てしなく大きい身体をもつ菩薩は、東の方から来た〉とある。その菩薩の身体は果てしないのに、どうして東の方から来たのか？　どうして、西の方とか、南の方とか、北の方から来なかったのか？」

第八部

普寂《ふじゃく》禅師　洛陽の嵩高《すうこう》山
敬賢禅師　洛陽の嵩山《すうざん》
義福禅師　長安の蘭山
恵福禅師　長安の藍田《らんでん》玉山

普寂《ふじゃく》禅師、敬賢禅師、義福禅師、恵福禅師はいずれも神秀《じんしゅう》大師に仏法を教わった同門の弟子であり、いずれもその後継者です。皆、若いうちに出家し、戒律を浄《きよ》らかに実践していた方々です。それぞれ、師を求め、道をたずね、長い旅路の末にはるばる禅の門にたどりつきました。荊州の玉泉寺の神秀《じんしゅう》大師に巡り会い、禅の教えを授けられたのです。皆、大師に十年以上奉仕された後、心がカラリと開けて、真珠のように光を放つ禅の輝きをそれぞれ自ら悟ったのでした。

神秀《じんしゅう》大師は、普寂・敬賢・義福・恵福らに、世界を照らす大いなる灯火となり、大いなる宝鏡を伝授するよう託されました。中国全土の坐禅瞑想者が、この四人の禅師を「清き真理の山」、「澄みわたる真理の海」、「明るい真理の鏡」、「輝く真理の灯火」と呼んで褒め讃えました。四師は、名高い山々で静かに坐禅し、その精神を深い谷間で澄みわたらせました。その徳は真理の海に融け合い、その修行は禅定《ぜんじょう》の枝を繁らせました。浄《きよ》らかに、作為なく、いとも静かにひとり道を行くのでした。禅の灯火は静かに辺りを照らし、学ぶ者はすべて仏の本心を悟りました。

宋の世（四二〇年〜四七七年）よりこのかた、現在に至るまで、偉大な禅師らが代々後を受け継いできました。［劉］宋の世のグナバッダラ三蔵にはじまる真理の灯火を伝えた師は、今の唐の世に至るまで八代、悟りに達したものは二十四人に及びました。

観心論《かんじんろん》

心の観察について

慧可《えか》の問い（以下Q）：仏《さとり》の道を志す人がいるとします。どのような法《おしえ》を学ぶとよいですか？最も簡にして要を得た法は何ですか？

達磨《だるま》禅師の答え（以下A）：観心《かんじん》だけをさせよ。観心《かんじん》という一つの法にあらゆる修行が凝縮されておる。これぞ簡にして要である。

Q：たった一つの法の中にあらゆる修行が凝縮されることなどあり得るのですか？

A：心は万物の根本であり、万物は心によって生み出されている。心を完全に理解できたなら、それだけであらゆる修行は成し遂げられる。大きな木にたとえれば分かりやすいだろう。枝も、花も、果実も、すべて一つの根っこから生まれる。根っこがあれば木は大きくなるが、もし根っこを断ち切ってしまえば木は必ず枯れる。道の修行もこれと同じこと。心を完全に理解したならば、力まずともすんなりいくが、心を完全に理解していなければ、いくら努力して善い修行を積んでも何も得られるものはない。そうしてみると、善も悪も、みな自分の心によることが分かるだろう。自分の心の外に求めていては、悟ることはできぬのだ。

Q：観心《かんじん》とは「心を観察すること」のはずです。それがどうして「心を完全に理解する」ことだと言えるのですか？

A：菩薩が深般若波羅蜜（深い智慧の完成）の修行をしておられたとき、物質を構成する地・水・火・風の四つのエネルギー（四大《しだい》）も、人間の存在を構成する色《しき》・受《じゅ》・想《そう》・行《ぎょう》・識《しき》の五つの要素（五蘊《ごうん》）も、すべては根本的に空《くう》であって、自我はないということを完全に理解された。そして、生まれながらの心から起こってくるはたらきには、「浄《きよ》らかな心」と「染《けが》れた心」の二種があることを見てとられた。浄《きよ》らかな心とは、染《けが》れのない真如《しんにょ》（真理そのもの）の心である。染《けが》れた心とは、煩悩に染《けが》れた無明（真理を知らないという無知）の心のことである。この二種の心はどちらも、もとから存在している。どんな物事も因縁がかけ合わさってはじめて現実化するとはいえ、浄《きよ》らかな心はいつでも善業（良い報いを招く行為）を好み、染《けが》れた心はいつでも悪業（悪い報いを招く行為）を思っている。

もし真如《しんにょ》が真理そのものである自らを覚《さと》り、覚《さと》ったために、染《けが》れることがないならば、これを聖人と呼ぶ。聖人はあらゆる苦しみを遠く捨て去り、涅槃という安楽の境地に入ることができる。もし染《けが》れに引きずられて悪業を起こしたなら、その報いに縛られる。これを凡人と呼ぶ。凡人は、三界《さんがい》（生死を繰り返しながら輪廻する欲界・色界《しきかい》・無色界《むしきかい》の三つの迷いの世界）に沈没し、そこでありとあらゆる苦しみを受ける。なぜか？　染《けが》れた心が、真理そのものである真如《しんにょ》を見えなくしてしまうからだ。『十地経《じゅうじきょう》』には、〈生きとし生けるものの身体の中には、何ものにも破壊されることのない仏性《ぶっしょう》（仏としての本質）がそなわっている。それはまるで太陽のように、それ自体が明るく輝き、完全に満たされていて、広大無辺である。ところが、その光は五蘊《ごうん》（人間存在の構成要素とされる色・受・想・行・識の五つの集まり）の厚い雲々によって覆い隠されているため、甕《かめ》に灯した火のように、外に顕れることがない〉とある。『涅槃経』には〈生きとし生けるものは、みな仏性《ぶっしょう》をもっている。しかし、その仏性《ぶっしょう》は無明によって覆い尽くされてしまっているため、人は解脱することができないでいる。仏性《ぶっしょう》とは覚《さと》りである。仏性《ぶっしょう》が自らの仏としての本質を覚《さと》り、覆い隠すものから離れ、仏である自らを完全に覚《さと》るとき、それを解脱《さとり》と呼ぶ〉とある。

よって、すべての善の根本には覚《さと》りがある。覚《さと》りという根っこから、あらゆる功徳（良い報いを招く善い行い）がそなわった木が生え、そこに涅槃《さとり》の果実がなるのである。よって、このように心を観察するのは、確かに「心を完全に理解すること」だといえるのだ。

Q：今、真如仏性《しんにょぶっしょう》が行うすべての功徳は、その根本に覚《さと》りがある、とおっしゃいました。では、無明の心が行うすべての悪業の根本には、一体何があるのですか？

A：無明の心には、八万四千《あまた》の煩悩、情、欲、無数の悪業があるが、要するに、そのすべての根本には三毒がある。三毒とは、貪《むさぼり》、瞋《いかり》、愚痴《おろか》である。三毒の心は、それ自体でありとあらゆる悪を備えている。ちょうど大きな木が、根っこは一つでも、そこから生まれる枝や葉は多すぎて数えることができぬように、三毒という根っこがそれぞれに悪業を生み出すものだから、悪業は倍々に増殖するのだ。三毒は、一つの根本的な本質によって三毒となっている。三毒は必ず、眼・耳・鼻・舌・身・意の六つの感覚器官の姿をとって現れる。六つの感覚器官は、またの名を六賊と言う。六賊とは六識（眼識《みる》・耳識《きく》・鼻識《かぐ》・舌識《あじわう》・身識《ふれる》・意識《しる》の六つの認識作用）のことで、これらはそれぞれの感覚器官から出たり入ったりしては、万事に執着し、悪業をなし、真如《しんにょ》への道を閉ざしてしまう悪党であるから、六賊と呼ばれる。

すべての人々は、今言った三毒と六賊によって無明と迷いの中に落ちるのだ。生死輪廻の苦界に身も心もどっぷりと沈み込み、六道（地獄・餓鬼・畜生・修羅・人間・天上の六つの迷いの世界）を輪廻して、あらゆる苦悩を受ける。それはまた、小さな泉を水源とする川のようなものである。いくらちょろちょろとした流れでも、流れが絶えることがなければ、万里を超えて流れゆく。根本原因である水源を断ったなら、悪の支流はみな止まる。

解脱《さとり》を求める者は、この三毒を三聚浄戒《さんじゅじょうかい》（修行者が守るべき三種の清浄な戒律）に転じ、六賊を六波羅蜜（修行者が完成させるべき布施・持戒・忍辱《にんにく》・精進・禅定《ぜんじょう》・智慧の六種の修行）に転じることができなければならない。そうすれば、自然に、すべての苦悩から永遠に離脱することができる。

Q：三毒と六賊は果てしなく広がっています。ただ観心《かんじん》するだけで、どうやってこの果てしない苦しみを逃れられるのですか？

A：三界《さんがい》（生死を繰り返しながら輪廻する欲界・色界《しきかい》・無色界《むしきかい》の三つの迷いの世界）における業《カルマ》の報いは、ただ心が生み出したものに過ぎぬ。心を完全に理解することができれば、三界《さんがい》にありながら、三界《さんがい》を脱することができる。

　三界《さんがい》は三毒に対応している。貪《むさぼり》は欲界に、瞋《いかり》は色界《しきかい》に、愚痴《おろか》は無色界《むしきかい》に対応する。この三毒によってあらゆる悪の業《カルマ》の報いが寄り集められ、輪廻の六道（地獄・餓鬼・畜生・修羅・人間・天上の六つの迷いの世界）が生まれるのである。だから［三毒のことを］三界《さんがい》と呼ぶのだ。三毒が引き起こした悪の軽重によって、受ける報いは同じではなく、六種の世界に分けられるから、これらの世界を「六道」という。

Q：［悪業の］軽重によって、どうやって六つに分けられるのですか？

A：［悟りをもたらす］因果関係を正しく理解することなく、迷いの心によって善いことを実践したとすると、三界《さんがい》を免れることはできず、三軽道のいずれかに生まれる。三軽道とは何か。迷いの中で十の善行を行い、妄《まやかし》の中で幸せを求めるなら、貪《むさぼり》の世界を免れることができず、天上界に生まれる。迷いの中で五つの戒律を守り、妄《まやかし》の中で愛や憎しみの情を起こすなら、瞋《いかり》の世界を免れることができず、人間界に生まれる。迷いの中で、造作された信条にとらわれ、邪《よこしま》に幸福を求めるなら、愚痴《おろか》の世界を免れることができず、阿修羅界に生まれる。この三つの世界を三軽道と呼ぶ。

では、三重道とは何か。三毒に染《けが》れた心に流され、ただ悪業をなすだけの者は、三重道に堕ちるのだ。貪《むさぼり》の業が重大ならば、餓鬼道に堕ちる。瞋《いかり》の業が重大ならば、地獄道に堕ちる。愚痴《おろか》の業が重大ならば、畜生道に堕ちる。三重道を、先ほど述べた三軽道と合わせると、六道になる。

こうして、すべての悪業は自分の心から生まれるのだと分かるのである。心を悪業から離しておくことができれば、三界六道の迷いの世界に輪廻する苦しみは、自然に消え失せる。すべての苦しみを終わらせたとき、それを解脱《さとり》と呼ぶのだ。

Q：仏が説かれた〈数え切れないほどの劫《こう》（極めて長い時間の単位）にわたって、はかりしれないほど多くの精進を苦労して重ねた結果、仏道《さとり》を完成することができた〉というお言葉はどうなるのですか？どうして今、三毒を取り除くだけで、解脱《さとり》と呼べるというのですか？

A：仏が説かれたことに嘘いつわりはない。「数え切れないほどの劫」というのは、三毒に染《けが》れた心を指しておる。染《けが》れた心には数え切れない悪念があり、その悪念の一つ一つが一つの劫なのだ。毒に染《けが》れた悪念は、ガンジス川にある砂のように数え切れないから「数え切れない」と言っている。真如《しんにょ》の本性が三毒に覆い隠されてしまった後、これらの数え切れない悪念をすべて超えない限り、どうして解脱《さとり》と呼べよう？　現代においては、貪《むさぼり》、瞋《いかり》、愚痴《おろか》という三毒に染《けが》れた心を取り除くことを、「数え切れないほどの劫をわたる」というのである。末世の人々は、愚かで教えを理解する能力がなく、仏の深遠かつ精妙な意味を理解せぬ。「数え切れないほどの劫」という言葉に込められた深い意味を理解することなく、「数え切れないほど長い年月を経過して初めて成仏《さと》ることができる」などと言うのである。この末世において、これは修行者に疑念や誤解を抱かせ、仏の道《さとり》を放棄してしまうもとになっておる。

Q：仏は、悟りを開く前の修行者（菩薩摩訶薩《ぼさつまかさつ》）だった頃、三聚浄戒《さんじゅじょうかい》（修行者が守るべき三種の清浄な戒律）を守り、六波羅蜜（修行者が完成させるべき六種の修行）に励まれ、それによってはじめて悟り、仏と成られたのでした。今、あなたさまは修行者たちに、観心《かんじん》だけをするよう指導しておられます。戒律も守らず修行にも励むことなく、どうやって成仏《さと》るというのですか？

A：三聚浄戒《さんじゅじょうかい》を守ると、三毒の心が抑制される。一種の毒を抑制する「だけでも」、はかりしれない善が成し遂げられる。「聚」とは「集まる」という意味だ。三聚浄戒を用いると三毒を抑えることができ、そうすると三種のはかりしれない善がことごとく心の中に集まってくるから、そう名付けられたのである。

六波羅蜜とは、眼・耳・鼻・舌・身・意の六つの感覚器官を浄《きよ》らかにする、という意味である。波羅蜜はpāramitā（パーラミター）という外国語で、「彼岸に到達する」という意味だ。これは、六つの感覚器官が清浄になり、世間の塵に染《けが》れなくなるときというのは、煩悩から逃れて彼岸《さとり》に到達するのと同じだからである。そういう意味で六波羅蜜（彼岸に至るために完成すべき六種の修行）と呼ばれるのだ。

Q：経典に説かれている「三聚浄戒《さんじゅじょうかい》」とは、あらゆる悪を断ち切ることを誓う戒と、あらゆる善を行うことを誓う戒と、あらゆる人々を救おうと誓う戒です。しかし今、あなたさまは三毒に染《けが》れた心を抑制するだけだとおっしゃっています。それは経典の教えに反してはいないでしょうか？

A：仏が説かれた経典は真実の言葉であって、誤りは一切ない。昔、仏がまだ悟りを開かれる前、菩薩摩訶薩として修行に励んでおられたとき、三毒に対処するために三種の誓いをお立てになった。これが、三聚浄戒《さんじゆじょうかい》だ。貪《むさぼり》という毒に対処するためにあらゆる悪を断ち切ることを誓ったため、常に持戒（戒律を守る）の修行に励まれ、瞋《いかり》という毒に対処するためにあらゆる善を行うことを誓い、常に禅定《ぜんじょう》の修行に励まれ、愚痴《おろか》という毒に対処するためにあらゆる人々を救うことを誓い、常に般若の修行に励まれた。この持戒、禅定《ぜんじょう》、般若という三種の浄《きよ》らかな修行法を実践したからこそ、三毒の悪業の報いを超えて、仏道《さとり》を完成なさったのだ。

三毒を抑えることができれば、あらゆる悪が消え去るので、これを「悪を」「断つ」と呼ぶ。三聚浄戒《さんじゆじょうかい》を守ることができれば、あらゆる善が完全にそなわるのであり、これを「善を」「修める」と呼ぶ。悪を断ち、善を修めることができれば、あらゆる修行が成し遂げられたことになり、これは自分のためにも他人のためにもなり、すべての人々を救うから、

「人々を彼岸《さとり》に」「度《わた》す」と呼ぶのである。このことから、戒律も守ることも、修行に励むことも、決して心と無関係ではないことが分かる。もしその心が浄《きよ》らかであるならば、人はみな浄《きよ》らかとなる。だから経典にも〈心が染《けが》れるとき、人々は染《けが》れる。心が浄《きよ》らかなとき、人々は浄《きよ》らかである〉とあるのだ。また〈仏国土（仏が教化するこの現実世界）を浄《きよ》めたいなら、まず君の心を浄《きよ》めよ。君の心が浄《きよ》らかになれば、仏国土も浄《きよ》らかとなる〉ともある。もし三毒に染《けが》れた心を抑えることができたなら、三聚浄戒《さんじゅじょうかい》はおのずと成し遂げられるのだ。

Q：経典に説かれているところによりますと、六波羅蜜は、六度とも呼ばれ、布施（施しをする）、持戒（戒律を守る）、忍辱《にんにく》（耐え忍ぶ）、精進（努め励む）、禅定《ぜんじょう》（心を静める）、智慧（智慧を働かせる）のことであるそうです。今、あなたさまは眼・耳・鼻・舌・身・意の六つの感覚器官が浄《きよ》らかであることを六波羅蜜と呼ぶとおっしゃいます。もしそう理解するのであれば、「波羅蜜」の意味は何なのでしょうか？

A：六波羅蜜の修行を行おうとすれば、必ず六つの感覚器官を浄《きよ》めることになる。まず六賊を降伏させねばならぬ。眼賊を捨て去り、さまざまな対象へのとらわれを離れ、心にものを惜しむことがないのを布施波羅蜜（施しの完成）と呼ぶ。耳賊を止めて、音声の塵によって心が染《けが》されるままにさせないのを、持戒波羅蜜（戒律を完全に守ること）と呼ぶ。鼻賊を降伏させ、良い香りも悪臭も分け隔てなく平等に扱い、自在に調合するのを、忍辱《にんにく》波羅蜜（忍耐の完成）と呼ぶ。舌賊を抑制し、邪《よこしま》な味を貪《むさぼ》らず、［教えを］褒めたたえ説き明かして疲れることがないのを精進波羅蜜（努力の完成）と呼ぶ。身賊を降伏させ、さまざまな触感と欲望のさなかで心が静まりかえって動じないのを、禅定《ぜんじょう》波羅蜜（静まった心の完成）と呼ぶ。意賊を飼い慣らし、無明の煩悩に従わず、常に覚《さと》った智慧をはたらかせ、その功徳を享受するのを、般若波羅蜜（智慧の完成）と呼ぶ。また、波羅蜜《はらみつ》には「渡す」という意味がある。六波羅蜜は、人々を乗せて彼岸《さとり》へと度《わた》らせる船にたとえられる。だから「六度」とも呼ぶのである。

Q：経典には〈釈迦如来がまだ悟りを開かれる前、菩薩であったとき、乳がゆをお食べになった後、はじめて仏道《さとり》を完成された〉と説かれています。つまり、先にかゆをお食べになり、その後で悟りの境地を得られたのです。ただ観心《かんじん》しただけで解脱《さとり》を得たわけではありません。

A：経典に説かれていることは真実であり、嘘いつわりはない。確かに、仏は仏と成る前に「乳がゆ」を飲む必要があった。しかし、仏が言っている乳がゆは、世間にあるような汚《けが》れた乳ではない。如来の浄《きよ》らかな真理の乳なのだ。具体的に言えば、三聚浄戒《さんじゅじょうかい》と六波羅蜜である。仏が仏道を成就なさったとき、この真理の乳を飲んだために、仏果《さとり》を得られたのである。それを、世俗的な性欲によって和合した汚《けが》れた生臭い乳を飲んだなどと言うのは、如来のお顔に泥を塗るようなものだ。如来ご自身は、金剛《ダイアモンド》のように何ものにも破壊されることがなく、汚《けが》れることもない、真理そのものとしての仏の体（法身《ほっしん》）であり、現世的な苦しみからは永遠に離れている。どうしてそのような汚《けが》れた乳で渇きを癒す必要があろう？　経典には〈「浄《きよ》らかな真理の乳を出す」牛は、高原にいるのでもなく、沼地にいるのでもない。麦や干し草を食べるわけでもない。雄牛と一緒の群れにいるわけでもない。この牛の体は紫がかった黄金色に輝いている〉とある。

「この牛」とは、毘盧遮那仏《びるしゃなぶつ》のことである。毘盧遮那仏《びるしゃなぶつ》がその偉大なお慈悲の心で皆を憐れみ、その浄《きよ》らかな真理のお体の中から、三聚浄戒《さんじゅじょうかい》と六波羅蜜という精妙な真理の乳をお出しになり、解脱《さとり》を求めるすべての人々を養われているのである。このような浄《きよ》らかな牛の真理の乳は、ただ如来がこれを飲んで悟りを完成するだけではない。これを飲むことができれば、すべての人々がみな究極最高の悟りを得るのである。

Q：仏は経典の中で、人々に寺院を建て、仏像を鋳造し、香を焚き、花を撒き、無尽灯を灯し、一日中休むことなく六時（一日二十四時間を六等分した各時）に行道し、斎食（僧の食事法）を保ち、礼拝し、あらゆる種類の功徳を積むことによって悟りを得るよう説かれています。もし観心《かんじん》にあらゆる修行が含まれるのであれば、仏がこのように説かれたのは嘘いつわりということになります。

A：仏が説かれた経典の中には、はかりしれないほどの方便が含まれておる。世間の人々は、教えを理解する能力が鈍く、狭量で劣っているために、深遠な教えを悟ることができない。だから、仏は、現実にあるものにたとえて、この世の仕組みを超えた真実そのものについて語るのである。幸福を求めても、内的な修行をせず、外に求めてばかりいては、何も得られるものはない。

仏がおっしゃるところの「寺院」は「浄《きよ》らかな場所」のことだ。つまり、貪《むさぼり》・瞋《いかり》・愚痴《おろか》の三毒を永遠に捨て去り、眼・耳・鼻・舌・身・意の六つの感覚器官を常に浄《きよ》らかにし、身も心も静寂そのもので内面的にも外面的にも浄《きよ》らかになることが、「寺院を建てる」ことである。

「仏像を鋳造」というのは、仏の道《さとり》を求める人々が行なう修行のさまざまなかたちのことを言う。如来の素晴らしい真実のお姿が鋳物で作られている、という意味であるはずがない。だから、解脱《さとり》を求める者は、自分の身体を炉とし、仏法を火とし、智慧を鍛冶屋とし、三聚《さんじゅ》浄戒《じょうかい》と六波羅蜜を黄金として用いる。自分の内にある真如《しんにょ》としての仏性《ぶっしょう》を溶かして精錬し、戒律という鋳型にすべて注ぎ込み、どこにも傷や汚れがないようになるまで、教えの通りに実践するのだ。自然に真実そのもののお姿をした仏像が完成するであろう。いわゆる永遠に変わることのない、真理そのものとしての精妙な仏のお体（法身《ほっしん》）は、造られたり壊されたりするようなものではない。もし悟りを求める人が、真実そのもののお姿を鋳造する方法を知らなければ、一体何を根拠に功徳を成し遂げると言えるだろう？

また、「香を焚く」というのは、これもまた世間一般の姿かたちを持った香ではなく、生まれることも滅することもない香のことである。この香が漂うと、煩悩の迷いは吹き飛び、無明（真理を知らないという無知）による悪業が断たれ、あらゆる悪の業《カルマ》が消える。このような仏教の正しい教えの香には五種類ある。一つ目は戒律の香で、あらゆる悪を断ち、あらゆる善を行うことである。二つ目は定《じょう》の香で、大乗の心を深く信じて後戻りしないことである。三つ目は智慧の香で、自分の身体と心を内外両面にわたって常に観察することである。四つ目は解脱《さとり》の香で、無明によるあらゆる束縛を断ち切ることである。五つ目は解脱《さと》ったものの見方の香で、悟りの智慧が常に冴えわたり、何にもさまたげられることなく行き届いていることである。

このような五種類の香は、究極の香であり、世間の香とは比べようもない。仏がこの世に生きておられたとき、弟子たちに智慧の火を取らせ、値段のつけようがない貴重な香を焚きしめて、全世界のすべての仏たちに捧げさせた。最近の人々は、愚かで教えを理解する能力がないものだから、現実にある火を取って、物質的なお香を焚いては、幸福や報いを求める。それで、どうして幸福や報いを得ることができよう？

また、「花を撒く」というのも同様である。花とは、人々のために仏教の正しい教えを説き、真如《しんにょ》の水を振りまいて、すべての人々に装飾を施すという功徳（現在未来に幸福をもたらす善い行い）の花を意味する。功徳は、決してしぼんだり、落ちたりすることのない究極の永遠不滅の花として仏に褒めたたえられたのだ。もし人々がこのような花を撒いたならば、はかりしれない祝福を受けるのである。如来が弟子達に向かって、花を切ったり草木を傷つけたりして花を撒くようにとおっしゃったわけがない。なぜそうと分かるのか？　浄戒を守る人は、天地に織り成される森羅万象に対して、禁を犯すことは許されない。何かを傷つけて楽しむなどすれば、大きな罪となるだろう。現代の人は、浄戒を破り、生物を傷つけることによって、幸福と報いを求めるというのだから、はるかに罪が重い。何かを得たいと思いながら、何かを傷つける——一体どうしてそんなことができるのか？

また、「無尽灯」というのは、正しい悟りの心である。智慧と理解《さとり》の明るさを灯火にたとえている。だから、解脱《さとり》を求める者はみな、自分の身体を灯火の台とし、心を灯火の杯とし、信仰を灯火の芯とし、そこにさまざまな戒律の実践を油として注ぐのである。智慧が明るく行き渡っているさまは、灯火の光が常に輝いているさまにたとえられる。このような悟りの灯火は、その輝きによって、あらゆる愚かさと無明の闇を破るのである。この法《おしえ》を伝え、悟りへの覚醒の道を開くことができるのが、「一つの灯火で百千の灯火を燃やす」ことである。この灯火はいつまでも尽きることがないから、「無尽灯」と呼ぶのだ。昔、「燃燈仏《ねんとうぶつ》」と呼ばれる仏がおられたが、その意味するところも同様である。

愚かな人々は、如来が説かれたことを方便として理解せずに、自らが執着しているところの、現実界にある虚妄なものごとを熱心に修行する。だから、世俗的な生々しい油で灯火を燃やして空っぽの部屋を照らしては、教えに従っているなどと言うのである。おかしくないだろうか？　その根拠を言おう。仏さまが眉間にある白毫《びゃくごう》（仏の眉間に丸まって生えている白く長い毛）の光を放てば、全方位の全世界が照らし出される。もし仏さまのお体の光があらわになったならば、その光は全方位のすべてのものを照らし出すのである。どうしてこのような現世的な灯火を使うことが利益になるとお考えになるだろうか？　この道理をよく考えてみれば、そうでないことは明らかではないか？

また、「一日中休むことなく六時（一日二十四時間を六等分した各時）に行道する」とは、いわゆる眼・耳・鼻・舌・身・意の六つの感覚器官の中にありながら、仏の道を修行することを言う。「仏」とは「悟った者」のことを意味する。毎瞬毎瞬、あらゆる修行を実践し、六つの感覚器官を飼い慣らして六情を浄《きよ》めるまで、決して修行をあきらめないことを、「休むことなく行道する」と言っているのだ。

「行道で巡る対象としての」「塔」とは身と心である。悟りの智慧をその瞬間瞬間に絶え間なく身と心に巡らせることを「塔を巡る」と言う。聖人は皆、このような道を通って涅槃《さとり》の境地に至った。しかし、この頃の解脱《さとり》を求める者たちは、こういった原理をまるで理解していない。それでどうして道を修行しているといえようか？　今時の者は、教えを理解する能力がないものだから、内なる修行をつとめることなく、外なる務めにばかりとらわれ、物質的な肉体をこき使ってこの世の塔を巡り、昼も夜もあくせくと走り回っている。それでは、無駄に疲れるだけで、真の本性にとっては一つも得るところがない。このような無知蒙昧な者たちは、まことに憐れむべきである。

また、「斎食を保つ」については、その本来の原理を理解していないために、無駄な努力を重ねている者たちをそこら中に見かける。「斎」は「斉《ととの》う」の意で、「斎食」とは身と心をきちんと整えて散乱させないこと、「保つ」とは「守る」ことである。つまり、法《おしえ》に従って戒律のあらゆる実践を守ることを言っている。（喜・怒・哀・楽・愛・悪という）六つの感情がほとばしるのを抑え、三毒を抑え、浄《きよ》らかな身と心を、細かく観察して覚らなければならない。

このような意味の「浄《きよ》らかさ」を完全に達成することを、「斎食」と呼ぶ。

さらに、斎食を保つ者にとって、食べ物には五種類ある。一つ目は法《おしえ》の喜びという食べ物であって、如来が伝えた仏教の正しい法《おしえ》を喜んで実践することである。二つ目は禅定《ぜんじょう》の満足という食べ物であって、内面的にも外面的にも静かに澄みわたり、身も心が満足して幸せであることである。三つ目は念ずるという食べ物であって、常にあらゆる仏たちを念じて、「仏を念《おも》う」心と「仏の名前を唱える」口とが一致することである。四つ目は誓願という食べ物であって、歩いていても、止まっていても、坐っても、横になっていても、常に善い誓願を実践することである。五つ目は解脱《さとり》という食べ物であって、心がいつも浄《きよ》らかで、俗世間の塵に染《けが》れないことである。これらの五種の浄《きよ》らかな食べ物を「斎食」と呼ぶのである。

またある人が、このような五種類の浄《きよ》らかな食べ物を食べていないのに、自分は「斎食を保っている」と言うならば、それはおかしい。

食を断つ「断食」と言うものがあるが、これは、無知による悪業という食べ物を断つことである。「このような悪業に」関わることを「断食を破る」という。断食を破って、どうして福徳を得られようか。この世には、この道理を理解してない、心の迷った愚か者がいる。身も心も野放しにし、恥じることなく貪《むさぼり》の悪業を働きながら、ただ物質的な食べ物を断っただけで、自分では「断食を守っている」と思っている。これは愚かな子どもが、だんだん腐っていく死体を見て「生きている」というようなもので、そんなことがあるはずがない。

また、「礼拝」というのは、常に法に従うことを意味する。内なる真理の本質をはっきりと理解することによって、外なる現象面を変容させるのだ。内なる真理が外なる現象を置き去りにすることは決してない。そこには必ず、修行の積み重ねがある。この意味を理解したならば、それを「法に従う」と呼ぶ。「礼」は「敬う」ことであり、拝は「伏する」ことである。つまり、仏としての真実の本性を敬い、無明を降伏させることを「礼拝」と呼ぶのである。敬いがあるから、法を毀損しようとはしないし、降伏しているから、自分を野放しに甘やかすこともない。もし、悪の感情がほとばしることが永久になくなり、いつも心に善い念があるようになれば、礼拝を形に表さなかったとしても、常に礼拝していることになる。礼拝を形に表すとは、身体の姿勢で示すことだ。世間一般の人々が、謙虚さを表にあらわして自分の心を鎮めるには、ひれ伏した姿勢によって、敬いの気持ちを形で示す必要がある。[このような形式的な礼拝というのは]それをやっているときは表にあらわれており、そうでないときは隠れている。内なる覚りを外に姿勢として示すことによって、内なる仏としての本性と外面を一致させることになる。

しかし、内なる真理の法《おしえ》を実践せずに、ただ表面的な教えにとらわれる者は、内的には迷ったままで三毒に流され、常に悪業をなしている。対外的には礼拝するポーズを取っていたとしても、どうして礼拝と呼べるだろう？　聖なる仏を前にして恥じ入る心がないから、一般の人々の目を欺くのだ。「より低い世界への」転落から逃れることはできまい。どうして功徳を成し遂げることができよう？　何も成し遂げられない人がどうやって道を求めよう？

Q：『温室経《おんじつきょう》』には、「僧侶らは、入浴することではかりしれない福徳が得られる」と説かれています。法《おしえ》に従って、福徳を得るにはどうすればよいのですか？　ただ観心《かんじん》するだけで、どうやって「真理と」一致できるのですか？

A：ここで僧侶の「入浴」と言っているのは、世間一般で言うところの「入浴」ではない。お釈迦様は、その昔、『温室経《おんじつきょう》』を説かれ、弟子たちに入浴の仕方の教えを授けられた。これによって、真理を世間の事柄にたとえ、婉曲的に、施すべき七つの功徳を説かれたのである。この七つの入浴法に従って自分を美しくするなら誰でも、三毒や無明の染《けが》れを取り除くことができるだろう。

七つのうち、一つ目は浄《きよ》らかな水である。浄戒によってきれいに洗うことは、浄《きよ》らかな水が塵や垢を洗い流すようなものである。二つ目は火である。智慧によって自分の内面と外面を観察することは、火が浄《きよ》らかな水をあたためるようなものである。三つ目は手桶である。

あらゆる悪を選り分けて取り除くことは、手桶が［風呂水から］垢や脂汚れを取り除くようなものである。四つ目は楊枝（柳の枝）である。嘘いつわりの言葉を完全に断つことは、柳の枝［による鞭打ち］によって怒気を消す（訳注：『大乗仏典　中国・日本篇11　敦煌II』〈中央公論社〉では「楊枝をかんで、口内の臭気を消す」）ようなものである。五つ目は浄《きよ》らかな粉である。正しい信仰が疑いを晴らして悩みを残さぬことは、浄《きよ》らかな粉で身体を磨くと病気を予防できるようなものである。六つ目は軟膏である。呼吸を静めて穏やかにし、あらゆる硬さをほぐすことは、肌に軟膏を塗り広げて潤いを与えるようなものである。七つ目は衣服である。さまざまな悪業を深く恥じ入り悔い改めることは、衣服が醜い姿を隠すようなものである。

以上の七つはすべて、経典に説かれていることの秘密の意味である。これらは、如来がその昔、大乗の教えを理解する能力に長けた者たちのために説かれたものであって、二乗の教えを信じるような理解力に乏しい凡人のために説いたものではない。だから、現代の人は誰も理解できないのである。「温室」とは、身体のことである。だから、智慧の火を燃やし、浄《きよ》らかな浄戒という水を温め、身体の中にある真如《しんにょ》の仏性《ぶっしょう》を洗い清めよ。七つの方法を守って、自分を内側から輝かせよ。

「仏が説かれた」当時の出家修行者で智慧あるものは皆、仏の心を悟った。仏が説かれた通りに修行して、功徳を成し遂げると、みな悟りの境地に至ったのである。しかし今時の人々は、愚かで、教えを理解する能力が鈍いため、その意味を誰もおしはかることができない。この世の水で物質的肉体を洗いながら、自分では経典を守っていると思い込んでいる。これが誤りでないことがあろうか？　しかも真如仏性《しんにょぶっしょう》としての私たちの本質は、もともと姿かたちを持っていない――煩悩や塵や垢にまみれた、一般的な人間のかたちをしているわけではない。どうして物質的な水を使って、無明にまみれた身体を洗うことができるだろう？やっていることが［真理と］辻褄が合っていないのに、どうして仏の道を悟れるだろう？もしこの物質的肉体が浄《きよ》らかになれると思うなら、この肉体を絶え間なく観察してみよ。この身体はもともと貪《むさぼり》という欲望と不浄によってもたらされたものであることを、しかと観よ。汚物が内にも外にも充満しているのを観よ。この身体を洗って浄《きよ》らかになろうとするのは、泥を洗うようなものだ――きれいになることは決してない。このような証拠から、外側を洗うというのは、仏が説かれたことではない、とはっきりと分かるだろう。

Q：経典に説かれているところによると「仏の名を唱えて一心に仏を念ずる（念仏）ならば、必ず西方極楽浄土に生まれ変わることができる」とあります。この素晴らしい門《おしえ》によれば必ず悟れるのです。どうして観心《かんじん》によって解脱《さとり》を求めるのですか？

A：仏を念ずる（念仏）には、正しく念ずること、すなわち「正念」が必要だ。真理を完全に理解することが正念であり、理解していなければ、邪念になってしまう。正しく仏を念ずれば、必ず西方極楽浄土《さいほうごくらくじょうど》に往生することができるが、邪念によって、どうして往生できようか？

念仏の「仏」は、「覚《さと》った者」のことを意味する。これは、悪を起こさせないような、身と心の覚《あき》らかな観察を意味する。念仏の「念」は、「憶《おぼ》えている」ことである。これは、戒律と修行を守り、一生懸命に励むことを忘れないことである。この道理を完全に理解することを、「正念」と呼ぶのである。このことから、念仏で「憶《おぼ》えている」のは心であって、言葉の問題ではないことが分かるだろう。仕掛けをつかって魚を獲り、いったん魚を獲ったならば仕掛けのことは忘れてしまうように、言葉を使って意味を理解し、いったん意味を理解したならば言葉のことは忘れてしまうことだ。

「念仏」という言葉を使うなら、まさに念仏それものを実践しなければならない。もし君の念仏に実体がなく、内容を伴わない言葉を口先でむなしく唱えているだけならば、何の得ることがあろうか？　ただ「唱える」ことと「念ずる」ことでは、その言葉も意味もまったく異なるのだ。「唱える」は口ですることであり、「念ずる」は心ですることである。だから、「念」は心から生まれるのであり、念仏が覚《さと》りの実践に至る門と呼ばれていることがわかるだろう。「唱える」は口ですることであり、音という形である。形にとらわれて福徳を得ようとしても、決して得られることはない。だから経典にも〈形あるものは、みな嘘いつわりである〉と説かれている。また〈形によって自己を見て、音によって自己を求めるならば、その人は邪道を行っているのであって、如来を見ることはできない〉ともある。このような視点で観察すれば、目に見える事物のすがたは、真実のすがたでないことが分かる。

だから、過去のあらゆる仏たちが積んだ功徳とは、外なる事象のことを言っているのではなく、ただ心について言っているのだと分かるのだ。心はあらゆる聖の根源であり、心は無数の悪の主人でもある。涅槃の絶えることのない至福の境地は、みずからの生まれもった心から生じる。心はこの世を脱するための門であり、解脱《さとり》への通り道である。門を知っている者が難しそうだと心配することはないし、通り道を知っている者がたどり着けないのではと心配することもない。

今時の知恵の浅い人たちは、形式的な行為のことを功徳とみなしているように見える。死者を弔うために多くの儀式を行って巨額の財を投じたり、いたずらに仏像や塔を造営したり、無駄に人夫を働かせて建物を建て、飾り立てている。全力で努力していながら、かえって自分自身を損ない、他人を迷わし、それを恥じることすら知らぬ。このような人々が悟ったことなどあるだろうか？　こういう人々は、修行の形ばかり見ては、形どおりに実践して、喜んでそれにとらわれてしまう。形がないと説くと、きょとんとして迷ってしまう。その上、現世的な小さい喜びを欲しがるばかりで、やがて来たるべき大きな苦しみには気付かない。このような「修行」は、やたらに自分を疲れさせるだけであり、このような人々は正法に背き、邪法に帰依して偽りの言葉によって幸せを求めているのである。

ただ心を統一することだ。心の内側をよく振り返り、そこにある永遠なる仏性を観察せよ。三毒を断ち、永久に消滅させせよ。六賊への扉を閉じ、騒ぎを起こさせないようにせよ。数え切れない功徳、さまざまな種類の荘厳、はかりしれない法門《おしえ》を、一つ一つすべて完成させせよ。凡人を超え、聖人の境地に入るのだ。それはすぐ目の前にあるのであり、遠くではない。悟りは一瞬にして起こる――どうして白髪になるまで待つ必要があろう？

法門《おしえ》の奥深い秘密のすべてを述べることは不可能に近いが、ここに、概論として、観心《かんじん》のごく一部を述べた。

大《だい》乗《じょう》開《かい》心《しん》顕《けん》性《しょう》頓《とん》悟《ご》真《しん》宗《しゅう》論《ろん》

大乗の心を開き、本性を顕現し、一足飛びに真実の宗旨《おしえ》を悟るために大いなる悟りの道は、心とひとつに溶け合っており、真理の本当の筋道を顕らかにします。過去も、未来も、賢人は皆この法門《おしえ》へと向かうのです。真理に目覚めた者にとって、三界《さんがい》（生死を繰り返しながら輪廻する欲界・色界《しきかい》・無色界《むしきかい》の三つの迷いの世界）はただ一つの心のみですが、真理に目覚めていない者は眠りこけたまま、さまざまな夢を描き出します。大乗の宗門は、目に見えるかたちあるものを相手にしつつ、目に見えぬ真理を顕らかにしなければなりません。完全に目覚めた者は、あらゆるものは安らかな静寂そのものであり、ものごとは縁によって生じ、名前もかりそめの因縁の絡みによって付いているだけだということを知っています。それが分からない者は、名前にこだわり、言葉に執着し、概念にとらわれては、間違った方向に突き進んでいってしまいます。

妄想を制して真理に立ち返り、染《けがれ》も浄《きよらかさ》も分け隔てることなく平等に見られるようになるには、意識を集中させて心を観ることです——心にもとからそなわっている悟りの意味が自然と顕れてくるのを観察します。ただし、その観察に力が入っているうちは、まだその意味を理解する段階を超えていません。心が彼岸《さとり》の境地に至ると、常に深い瞑想状態にいるようになります。この修行を途中でやめることなく長く続ければ、自然とすべてのことが成し遂げられるでしょう。

もし心を観ようとしても、雑念がわいてきてしまうなら、徐々に、身と心を真理へと向かわせましょう。胸の中をすべてからっぽにし、立ち居振る舞いが常に静寂そのものになるようにします。「ものを」姿かたちのないままに認識し、深い瞑想状態にありながら自在に動き、注意深く仏道と道を行く力を育みます。こうすることで、真理そのものとしての仏の体（法身《ほっしん》）となることができます。

みずからを省みてその心の根源を悟れば、妨げ隔てるものは何もなくなります。体が虚空のようになるので、これを「無辺三昧」といい、心に入るものも出ていくものもなくなるので、これを「無寂《むじゃく》三昧」といい、あらゆるものの中にありながら浄《きょ》らかで求めることがないので、これを「不思議三昧」といい、三昧が衰えることなく縁起にふりまわされることがないので、これを「法性《ほっしょう》三昧」といいます。

学びを求める者は皆、知的な理解を求めるばかりで、自ら真理を直接体験しようとしません。安心する方法を知らないまま、大乗の教えをものにしようとするならば、その知識によって必ず道を誤るでしょう。

雍州《ようしゅう》長安の人で、李慧光《りえこう》という居士《こじ》（訳注：在家のまま仏道を修行している男子）がいました。法名は大照といいました。世俗的な名誉や利益を一切顧みず、一途に悟りを求め、最初は恵《え》安《あん》禅師、後には神会《じんね》禅師に仕え、両禅師から親しく教わり、奥義を授けられました。深遠な真理と簡単にはかり知れぬ教えの根本に精通し、有でありながら無に入り、すべてが融け合って一体となった自由な境地にいました。
本論は、多くの迷える人々を憐れんだ慧光居士《えこう》が、座禅瞑想の合間に、人々に向けて法《おしえ》の要点を公に説かれたもので、事（具体的な事象）と理（その背後にある普遍的な真理）の奥深い法門《おしえ》、神秘的な真理を解き明かします。[本論は] 言わば、大海をわたる、悟りの彼岸への直行船です。信頼のおける、真実の言葉です。居士は、まだ悟っていない人が悟ることができるように、まだ安心していない人が安心できるように、まだ解脱していない人が解脱することができるようにと願っていました。

質問（以下Q）**：**仏の法は、奥深く神秘的で、凡人にははかり知れません。経典にあたっても広大すぎて、その意味を理解することが難しいのです。どうか禅師の教えの肝心要のところを教えていただけないでしょうか。どうか私たち世俗の人間を見捨てないでください。隠しだてせず、持って回った言い回しもせずに、方便や代用の言葉なども使いながら、分かりやすく教えていただけないでしょうか。

大照禅師の答え（以下A）**：**「素晴らしい。まったくもって素晴らしい。君の質問するところをみると、大乗の修行者（菩薩）としての素質が十分に熟してきたよう [に見える]。私は四十五歳、仏道に入ってから二十年以上経つが、そのような質問をした人は今まで一人もいなかった。

君の悩みは何だ？　どんな疑問があるんだい？　単刀直入に質問しなさい――回りくどい言い方をしている暇などない。

Q：道《さとり》に入りたいと願う者は、一体どんな法《おしえ》を実践し、どんな法を学び、どんな法を求め、どんな法を経験し、どんな法を得れば、悟りに近づけるのでしょうか？

A：学ぶべき法があるのではないし、求めるものもない。経験すべき法があるのではないし、得るものもない。悟るべき法があるのではないし、修行することのできる道などはない。これこそが悟りである。

Q：いつとも知れぬ遠い過去世よりずっと、我々は真理から外れ、生死輪廻の苦界を彷徨ってきました。つい先日、頓悟《とんご》（訳注：修行の階梯を経ず、直ちに悟りを開くこと）の教えをお聞きしたのですが、よく分かりませんでした。我々の意識はあまりにぼんやりしていて、自分が今どこにいるかも分からないありさまなのです。言ってみれば、酔いが醒めていない酔っ払いのようなものなのです。どうかどうか、我々大勢の迷える者たちに手を差し伸べて、学びの足りない者に教えを垂れてください。分かりやすい方便を用いて真埋と出会わせてください。

Q：真性《しんしょう》（真実の本性）とは何ですか？

A：真性《しんしょう》は、［虚妄の］心を起こすことがない。永遠に姿かたちをもたず、浄《きよ》らかである。

Q：自性《じしょう》（そのものの独自の性質）とは何ですか？

A：見ることにも、聞くことにも、知ることにも、物質を構成する四つのエネルギー（地・水・火・風）にも、ありとあらゆるものに、それぞれの自性《じしょう》がある。

Q：自性《じしょう》は何から生まれるのですか？

A：妄《まよい》の心から生まれる。

Q：どうすれば自性《じしょう》を離れられますか？

A：［虚妄の］心が起こらないとき、それが離れているということだ。

Q：道とは何ですか？　理（内なる原理）とは何ですか？　心とは何ですか？

A：心が道であり、心が理である。心の外に理はなく、理の外に心はない。心が安定していることを理と呼ぶ。理が目覚め明るく輝いているのを心と呼ぶ。心と理は分け隔てなく平等であるのを仏と呼ぶ。心がこの理を発見したならば、生死を見ることはなくなる。凡人と聖人に違いはなくなり、対象物とそれをとらえる智慧は一体になり、内なる原理（理）と外なる事象（事）は互いに融け合い、染《けが》れと浄《きよ》らかさはひとつになる。理に従って真に悟るとき、道でないものは何もなくなる。自他の区別から離れ、すべての修行が一度に成し遂げられるだろう。そこには前後もなければ、中間もない。縛りから解かれ、自由になる。これを道と言う。

Q：理に従い［悟りに］入るにはどのようにすればよいのですか？

A：〔妄《まよい》の〕心を起こさず、どこまでも姿かたちにとらわれないのが、従うということだ。

Q：道に従うとは、どういうことですか？

A：素直な心で、何ものにもとらわれないことが、〔道に〕従うということだ。

Q：妄《まよい》とは何ですか？

A：妄《まよい》とは、自心《じしん》（みずから生まれもった心）を知らないことだ。

Q：転倒《てんどう》とは何ですか？

A：転倒《てんどう》とは、さまざまな認識の対象を生じさせることだ。

Q：自心とは何ですか？　妄《まよい》の心とは何ですか？

A：分け隔てするのが妄《まよい》の心であり、分け隔てしないのが自心である。

Q：分け隔てする心と分け隔てしない心はどこから生じるのですか？

A：分け隔てする心は転倒《てんどう》から生じ、分け隔てしない心は正智《しょうち》（正しい智慧）から生じる。

Q：転倒と正智はどこから生じるのですか？

A：どこにも生じるところはない。

Q：どこにも生じるところがないのであれば、どうして転倒《てんどう》や正智《しょうち》があると言えるのですか？

A：自心を知らなければ、ありとあらゆる転倒《てんどう》をしてしまう。自心を知っていれば、それが正智《しょうち》である。

Q：今おっしゃった「知る」と「知らない」というのはどこから生じるのですか？

A：「知る」は悟りから生じ、「知らない」は妄想から生じる。

Q：世間の人々は皆、妄想の中にいます――果たして妄想と同時に正智《しょうち》を持つことなど可能なのでしょうか？

A：世間の人々は皆、正智《しょうち》の中にいる――本当は、妄想などない。

Q：現に、今、私には妄想があります。それなのに、どうして私に正智《しょうち》があると言えるでしょう？

A：真実には、君にもともと妄想はないのだ。自分の心の中にあるものを妄想と呼ぶのは、まるで、瞳孔を開いて視界をぼやかす薬を飲んでから、空中に針を探している人のようなものだ。しかし、もともと空中に針は存在していない。

Q：もともと妄想がないなら、すべての修行者たちは、道を求めるために一体何を断ち切ろうとしているのですか？

A：何も断ち切るものはない。また、求めることのできる道もない。

Q：求める道もなく、断ち切るものもないのであれば、どうして経文でお釈迦様は〈妄想を断ぜよ〉と説いているのですか？

A：真実には、お釈迦様は妄想を断ち切らせてはいない。もし妄想を断ち切らせようとするならば、世間の人々は皆、まさにその妄想の中において、何か得るべきものがあり、何か断ち切るべきものがあるのだと妄想するだろう。妄想というものが実在するのだと勘違いしてしまうだろう。お釈迦様は、世間の人々の持っている概念に合わせて、仮に妄想というものがあるものとして説かれているが、真実には、妄想があるとは一言も説かれておらぬ。お釈迦様は、病気に合った薬を処方する名医である。病気でない人には薬を処方しない。

Q：お釈迦様が妄想を説いたのでないなら、妄想は誰が作ったのですか？

A：世間の人々が自分で作り出すのだ。

Q：どうして人々は正智《しょうち》を作り出すのではなく、よこしまに妄想を作り出すのですか？

A：正智《しょうち》を知らないために、妄想を持つのだ。もし正智《しょうち》を知れば、妄想を持ちはしない。

Q：正智《しょうち》があるのであれば、当然妄想もあるでしょう。どうして妄想はないと言えるのですか？

A：真実には、世間の人々には妄想もなく、正智《しょうち》もない。そのどちらもない。

Q：そのどちらもないとなると、凡人もなく、聖人もないということですか？

A：凡人もいるし、聖人もいるが、君自身は凡人も聖人も知らぬのだ。

Q：凡人とは何ですか？　聖人とは何ですか？

A：分け隔てするのが凡人である。分け隔てしないのが聖人である。

Q：分け隔てするのが凡人で、分け隔てしないのが聖人であるというなら、赤ちゃんはどうですか？　分け隔てしないのだから、聖人と言えますか？

A：そう思うとしたら大馬鹿者だ。赤ちゃんや子どもが良いと悪いを知らないのは、無知な人が尊いことと卑しいことを知らないのと同じだ。どうしてそれを「分け隔てしない」と言えるだろうか？　必要なのは、真如《しんにょ》の真理の中で分別心をいつも働かせながら、分け隔てを超えた智慧（無分別智）を得ることだ。

Q：生まれることがないのは、分け隔てを超えた智慧と同じですか？（訳注：漢文読み下し文では「作勿生《そもさん》か即ち是れ不分別智」で、そちらの解釈に従えば「分け隔てを超えた智慧とはどのようなものですか？」）

A：しばらくの間、自分で観察してみなさい。本来の浄《きよ》らかな心を観察し、そこに［妄《まよい》の］心が起こってくるのを観察しなさい。心はもともと浄《きよ》らかで、外界の事物によって染《けが》されていないことが分かるはずだ。あらゆる事物は、因縁［によって生じるもの］であり、［その事物には］不変の本質は見つからないのだということを、完全に理解しなければならない。そうすれば、因縁［によって生じるもの］は空《くう》であって、しかも空《くう》でないと分かるだろう。つまり、あらゆる世間のものごと、森羅万像、主従、父母、仁、義、礼、信［のような俗世間の人間関係］が、［空《くう》の教えによって］壊されることはない。だから、経典では、一般社会の法《おきて》を壊すことなく、涅槃に入らせるのだ。もし君が一般社会における法《おきて》を壊すならば、君は生死輪廻の苦界を彷徨う凡人だということに他ならない。

一般社会にある物事は、因縁によって生じているだけで、個々の実体的存在があるわけではない。因縁がかりそめに合わさったものに過ぎず、本質は空《くう》で、究極的にはとらえようがない。この真理を見きわめることを、本性を見ぬくという意味で「見性《さとり》」と呼ぶ。つまり、分別の中にありながら分け隔てを超えた智慧をもつこと、分別をいつも働かせながら分け隔てしないこと――これが一般社会における法《おきて》を壊さないということだ。だから、経典には〈あらゆるものの縁とかたちを識別しながら、第一の真理に入って動じない〉とあるのだ。

このことを悟った者は、動きのただ中にありながら、静寂の境地に入ることができるのである。

Q：『維摩経』に（維摩居士《ゆいまこじ》は）〈想念を離れ、ありのままの真実を観る智慧を常に求めていた。世間のものごとについては欲を少なくして足ることを知り、世間を超越する悟りについては飽くことなく求め続けた。威厳ある立ち居振る舞いを崩すことなく、俗世間のやり方によく馴染み、神通力の智慧をもって人々を教え導いた〉とあるのは、どういう意味ですか？

A：その意味は、過去・現在・未来の諸仏が経験として受けとるもので、頭でおしはかることができるものではない。

Q：〈想念を離れ、ありのままの真実を観る智慧を常に求めていた〉のなら、どうして経典は布施や、持戒や、人間界と天上界に福徳をもたらすことについて説くのですか？　これらの教えには想念があるように思えます。どうして、このように学ぶ者を混乱させ、疑念を抱かせるような矛盾があるのですか？

A：それは、君たちが皆、経典に書かれていることの本当の意味を理解せずに信じているからだ。お釈迦様が、布施、持戒、人間界と天上界に福徳をもたらすことについて説かれたのは、妄想にどっぷり浸かった世間一般の人々のためである。お釈迦様は、人々の理解度に合わせて、はかりしることのできないほど巧みな方便を用い、迷いの中にある者の見方に立って教えを説き、大乗の門へと導かれた。信じられないなら、その証拠に経典を引用してみせよう。『法華経』には〈私が説くこの教えは、世間の人々に合わせてである。その根本にあるのは大乗の教えである〉とある。また、〈全宇宙の無数の仏国土の中に、ただ一乗の教えがあるのみである。世間の人々を導くために仮の名称をつかうが、小乗の教えによって世間の人々が救われたことはいまだかつてない〉ともある。さらに〈小乗の経典学者に近づいてはならない〉とも言うし、〈ただこの一乗［仏乗］だけが真実であり、それ以外は真実ではない〉とも言う。さらに、『諸法無行経』には〈人が戒律を分け隔てするならば、その人には戒律がない。自分は戒律を保っている、と思うなら、その人の戒律は既に失われている〉とある。

これらの引用から、仏は究極の門《おしえ》を説かれたのだということがはっきりする。お釈迦様が人間界に福徳をもたらすことを否定なさっていたと言っているわけではない。［そのときはそう説くことによって］世間の人々を導いて仏の智慧に入らせようとしていただけだと言っているのだ。過去や現在の聖人たちが、自由自在な心、解脱《さとり》を得た心、聖人となった心について説くとき、過去・現在・未来の仏たちは、君たちの疑いをはらそうとしているのだ。

Q：仏が一乗を説いて、世間の人々を教化した、ということは分かりました。でも、それならどうしてその上に教えを説き続けて、世間の人々を惑わす必要があったのでしょうか。それは間違ったことではないでしょうか。

A：そのように考えてはならぬ。仏たちが人々への偉大な慈悲の心からそうしたまでのことだ。多くの人が三悪道（地獄・餓鬼・畜生の三種の世界）に堕ちてしまうために、仏たちは方便の門《おしえ》を開かれ、六波羅蜜（修行者が完成させるべき布施・持戒・忍辱《にんにく》・精進・禅定《ぜんじょう》・智慧の六種の修行）の教えを説かれたのである。布施（施しをする）、持戒（戒律を守る）、忍辱《にんにく》（耐えしのぶ）を実践すれば、三悪道を離れることができる。人間界と天上界を行き来している者は、精進（努め励む）、禅定《ぜんじょう》（心を静める）、智慧（智慧を働かせる）を実践すれば、生死輪廻の苦界を脱し、来世に仏となることができるのである。

Q：過去の仏たちが三乗（声聞《しょうもん》・縁覚《えんがく》・菩薩の三種の教え）を説いたのですか？　現在の仏たち

が三乗を説いているのですか？

A：過去、現在、未来のすべての仏が説く。

Q：それはどのような教理によって知ることができるのですか？

A：『法華経』には「もし仏乗（一乗）だけを褒めたたえたとしたら、苦しみのどん底にいる人々は、法《おしえ》を信じることができまい。法《おしえ》を信じられず破ってしまうために、三悪道に堕ちてしまうだろう。わたしはむしろ、法《おしえ》を説かずに、すみやかに涅槃に入ってしまいたい。しかし、過去の仏たちが用いた方便の力を思うと、今わたしも、自分が得たところの道について三乗の教えを説かなければならない」とある。このことから、過去の仏たちは皆、世間の人々を教え導き、一乗に教えに入らせるために、三乗の教えを説いていたということがはっきりと分かる。

Q：一乗とは何ですか？

A：心が一乗である。

Q：どうしたら心が一乗だと分かるのですか？

A：心は空《くう》であってどこにも有るということはない。だから、明らかに、心が一乗だと分かる。

Q：「心は空《くう》であってどこにも有るということはない。だから、心が一乗だ」ということが完全に分かれば、私たちは聖人になりますか？

A：ああ、聖人になる。

Q：凡人もまだそこにいますか？

A：凡人もまだそこにいる。

Q：凡人と聖人には違いがありますか、違いはないのですか？

A：まったく違いはない。悟れば、朝には凡人でも夕方には聖人となる。悟らなければ六道（凡人の輪廻する天上・人毛・修羅・畜生・餓鬼・地獄の六つの迷いの世界）に生を受ける。

Q：今おっしゃった「悟る」とは何ですか？

A：心を悟ることだ。

Q：凡人の心と聖人の心は一つでしょうか、それとも二つでしょうか。

A：一つだ。

Q：どうして一つなのですか？

A：本性が浄らかであって、もともと染《けが》れることもとらわれることもないことを完全に理解すれば、それが一つであると分かるだろう。

Q：染《けが》れることもとらわれることもないと誰が分かるのですか？

A：心が、染《けが》れることがないと分かるのだ。

Q：心は、どうして染《けが》れることがないと分かるのですか？

A：過去・現在・未来のすべての仏たちが、心は姿かたちがなく、その本質は究極的にとらえることはできないと説かれている。だから、それが染《けが》れることはないと分かるのだ。

Q：姿かたちがないからといって、どうして染《けが》れることがないと分かるのですか？

A：まさに姿かたちがないからこそ、染《けが》れることがないと分かるのだ。もし姿かたちや場所があったならば、染《けが》れるはずだ。

Q：先ほど心についてお話しいただきましたが、全部で何種類の心があるのですか？

A：悟った者にとっては、とらえようのない一つの心があるのみである。悟っていない者にとっては、数え切れないほど多くの種類の心がある。

Q：凡人の心とはどんなもので、聖人の心とはどんなものですか？

A：姿かたちにとらわれているならば凡人の心であり、姿かたちを離れているならば聖人の心だ。

Q：姿かたちにとらわれている心とは何で、姿かたちにとらわれていない心とは何でしょうか？　その要点をどうか教えてください。

A：心がやって来るのと去っていくのを見たり、心の長いのと短いのを見たり、善や悪を見たり、憎しみや愛しさを見たり、怒りや喜びを見たり、正や邪を見たり、凡や聖を見たり、自ら存在しているのと何かに依存して存在しているのとを見たり、涅槃を見たり、解脱している解脱していないと見たり、仏や菩薩だと見たり、禅定《ぜんじょう》だと見たり、智慧だと見たりするのは、すべて凡人の妄想の心［の例］なのだ。

Q：聖人の心とはどんなものですか？

A：一念も起こすことがなく、一物も見ることがないのが、聖人の心である。

Q：禅師さまは聖人の心を得たのでしょうか？

A：得ることはない。

Q：得ることがないなら、どうしてそれをご存知なのですか？

A：今、私は得るということもないし、知るということもない。だから、経典には〈智慧などないし、また得るということもない。得るということがないからこそ、菩薩なのである〉とあるのだ。

Q：この真理は、結局のところ、誰のものなのですか？

A：真理は何ものにも属することはない。もし何ものかに属したとしたら、その何ものかは生死輪廻を［また］繰り返すことになるだろう。何ものにも属さないからこそ、どこまでも常住不変なのだ。

Q：世間の人々は皆、八識によって輪廻転生し、解脱できない［と聞きます］。八識とは何ですか？

A：眼識、耳識、鼻識、舌識、身識、意識、末那識《まなしき》、阿頼耶識《あらやしき》である［末那識《まなしき》は統合、評価、意志、動機付けを司る複合体、阿頼耶識《あらやしき》はあらゆる心が納められる蔵］。「識」には、理解し分別するという意味がある。たとえば、「眼」が「もの」に出会ったとき、意識がそれを分別し、良い・悪いと判断する。その判断に従って、形あるものが生じ、その形あるものが第七末那識《まなしき》に影響を与える。その影響により、［第七末那識《まなしき》は形あるものに］執着し、その影響を第八阿頼耶識《あらやしき》（蔵識《ぞうしき》とも呼ぶ）に集められているあらゆる［潜在的な］行為の種子に伝える。ここでは眼識について述べたが、他の識も同様である。

すべての人々が、自分が行った行為に報いを受けるというのは、その前に蔵識《ぞうしき》が因と化し、その因が将来の行為を作り出すのだ。因と因とが次々と折り重なるものだから、その結果もまた尽きることがない。挙句の果てに、人々は六道に舞い戻って生死輪廻の苦しみを受ける。そのため、心を完全に理解できていない者は、八識によって惑わされてしまうのである。

八識は生まれつきそなわっているものとしてみなすことができる。つまり、この八識が、今ある因縁をもとに事物を作り出すのだ。因縁の諸条件が合わさるとき、八識が将来の行為の因を生み出す。その連鎖を今こそ断ち切ってしまおうと思うなら、八識を正しく観察することだ。眼識はどこから生じるのか、完全に理解せよ。眼識はものから生じるか？　眼識は眼から生じるか？　眼識は心から生じるか？　眼識が心から生じるとすれば、盲目の人にも心があるのに、どうして眼識を生み出せないのだろう。もし眼識が眼から生じるとすれば、死人にも眼があるのに、どうしてものを見分けられないのだろう。もし眼識がものから生じるとすれば、ものは自力で動かず、知るはたらきを持たない［から眼識を生み出すことはできない］。このように、この三つの因縁は、どれも単独で働くことはできぬ。

心を完全に理解したなら、眼がものを見るとき、その「眼」という因縁は空《くう》であると、はじめて分かるだろう。「眼」という因縁が空《くう》であるからして、「もの」も空《くう》なのだ。「眼」「見る」「もの」がどれも根本的に空《くう》であることを完全に理解すれば、一切の差別はなくなる。差別がないから、意識はものを識別しても分け隔てることがなくなる。また、第七末那識《まなしき》には執着したいという欲がなくなり、執着すべき対象もなくなる。そうなると、第八阿頼耶識《あらやしき》の蔵の中に染《けが》れた種子を育む影響は消えてしまう。染《けが》れた種子がなくなれば、もう生死輪廻の苦しみを受けることはなくなる。深い静寂そのもので常住し、生によって生み出されることもなく、死によって滅することもなくなるのだ。

Q：仏には法身《ほっしん》・報身《ほうじん》・化身《けしん》の三種の身体がありますが、それらを得るにはどうすればよいのですか？

A：仏の三身は八識より得られる。まず、八識を四つの智慧、すなわち四智に変容させよ。四智に達すれば、ほどなく仏の三身が得られるだろう。仏は、因果の流れに沿って三身に分けられている。眼・耳・鼻・舌・身の五識は「妙観察智《みょうかんざっち》」という智慧になり、第六意識は「成所作智《じょうしょさち》」という智慧になり、第七末那識は「平等性智《びょうどうしょうち》」という智慧になり、第八阿頼耶識は「大円鏡智《だいえんきょうち》」という智慧になる。

Q：そのように言える四智とはどのような意味ですか？

A：眼・耳・鼻・舌・身の最初の五識のことを、五根《ごこん》（五つの感覚器官）ともいうが、ここで言う五根《ごこん》は智慧の門として働く。智慧はこの門を通して目の前のものを認識しつつ、妄想に汚《けが》れることがない。だから、五識のことを、精妙に観察する智慧という意味で「妙観察智《みょうかんざっち》」と呼ぶのだ。第六意識は、意根ともいう。この智慧の門では、目覚めようと意識的に努力しなければならない。目覚めるとは、浄《きよ》らかで、真理と一致していることであり、真理も世俗と同じように見て、智慧を完成させ、意識を智慧に変容させることだ。智慧に目覚めれば、分け隔てすることなく明らかに知り、知識を智慧に転じることができる。これを、なすべきことを達成する智慧という意味で「成所作智《じょうしょさち》」と呼ぶ。第七末那識《まなしき》は、執着することがなく、当然、憎むことも愛することもない。憎むことも愛することもないため、すべてのものはみな分け隔てなく平等になるから、「平等性智《びょうどうしょうち》」という。第八阿頼耶識については、その蔵の中が空になるとき、染《けが》れた種子はすべて浄《きよ》らかになる。これは、大空に懸けられた曇りのない鏡にたとえることができる。鏡の中にはあらゆる像が映っているが、鏡が「私は像を映すことができる」と思うことはないし、像が「私は鏡から生まれた」と言うこともない。主体もなく客体もないから、大きな鏡のような智慧という意味で、「大円鏡智《だいえんきょうち》」と呼ぶのだ。

Q：四智がそのようであるなら、三身についてはどうですか？

A：大円鏡智《だいえんきょうち》は法身《ほっしん》（姿かたちを持たない真理そのものとしての仏の体）とみなすことができる。平等性智《びょうどうしょうち》は報身《ほうじん》（修行の報いとして菩薩が仏となったときの身体）とみなすことができる。成所作智《じょうしょさち》と妙観察智《みょうかんざっち》は化身《けしん》（仏がこの世に現れて教えを説くときの身体）とみなすことができる。

Q：どうしてそうだと分かるのですか？

A：大円鏡智《だいえんきょうち》は、世間の鏡が分け隔てすることなく色々な像を映し出すように、染《けが》れのない功徳をすべてそなえ、完全なる真理で満たされているから、法身《ほっしん》とみなすことができる。平等性智《びょうどうしょうち》については、妄想が完全に尽きたとき、平等なる本性が完成し、あらゆる修行が成し遂げられるから、報身《ほうじん》とみなすことができる。

成所作智《じょうしょさち》と妙観察智《みょうかんざっち》については、眼・耳・鼻・舌・身・意の六つの感覚器官に染《けが》れがなくなると、自己と他者の区別がなくなり、自分が得た悟りを他人と分かち合い、［悟りの］因をつくる修行を人々に実践させて人々を広く救うから、化身《けしん》とみなすことができるのだ。

Q：仏の三身のうち、まずどの身を修めるべきでしょうか？

A：経典には〈平等なる法身《ほっしん》から報身《ほうじん》が流れ出す。報身《ほうじん》から化身《けしん》が流れ出す。化身《けしん》から十二部経の経典が流れ出す〉とある。このことから、まずは法身《ほっしん》を修めよ。ここで、法身《ほっしん》というのは、完全なる有と完全なる無の中間にある中道を正しく観ることを意味する。この真理を悟ったとき、それが法身《ほっしん》である。法身《ほっしん》を見ることによって、自分はこれまでずっと、身も心も真理に背いてきたということに気付く。ひとたび法身《ほっしん》を見たならば、俗世にまみれた部分が自然に浄《きよ》らかになり、真如《しんにょ》と一致するまで意識的に努力せねばならぬ。真如《しんにょ》であり続ける時間が長くなると、いつか真如《しんにょ》という概念すらなくなるときがくる。そんな境地になったとき、それが報身《ほうじん》である。だから、法身《ほっしん》は先天的にもともと存在しているが、報身《ほうじん》は修行によって後天的に得られるものだと言える。化身《けしん》については、〈仏はあらゆる姿をとって現れる。これを化身と呼ぶ〉と経典にあるとおりである。

Q：仏の三身がそのようであるとすると、三宝とはどのようなものですか？

A：仏の三身の別名が三宝である。いわゆる仏宝、法宝、僧宝である。

Q：三宝には何種類あるのですか？

A：詳しく言うと、三種の三宝がある。

Q：それは何ですか？

A：一体三宝、別相三宝、住持三宝である。

Q：一体三宝とはどのようなものですか？

A：一体三宝においては、真なる心の本体である、覚りの本質の浄《きよ》らかさを仏宝と呼ぶ。また、真理で完全に満たされており、数え切れないほどの神秘的なはたらきを備えているのを法宝と呼び、その神秘的なはたらきが全にして一であるのを僧宝と呼ぶ。

Q：別相三宝とはどのようなものですか？

A：別相三宝においては、自分自身のこの体を仏宝と呼ぶ。相手の器に合わせて人に恵みを与えることができ、自からも進んで修行しようとするのを法宝と呼ぶ。物質を構成する地・水・火・風の四つのエネルギー（四大《しだい》）と人間の存在を構成する色《しき》・受《じゅ》・想《そう》・行《ぎょう》・識《しき》の五つの要素（五蘊《ごうん》）が互いに反目することなく混じり合うのを僧宝と呼ぶ。

Q：住持三宝とはどのようなものですか？

A：住持三宝においては、目上をうまく助け、目下とうまく接し、何事も浄《きよ》らかで平等であるのを仏宝と呼ぶ。聞く者の理解力に合わせて説き、聞いた者が心から喜ぶのを法宝と呼ぶ。世間の人々の中で生活し、あらゆる行いがしかるべき方便に違反することなく、すべての人々と仲良くし、言い争うことがないことを僧宝と呼ぶ。

Q：どうしてそういったものを宝と呼ぶのですか？

A：第一に、そういったものは内にあるのでもなく、外にもあるのでもなく、また中間にあるのでもない。はかることができず、値段のつけようもない。そういうもののたとえとして、三宝と呼ぶのだ。もし値段がつけられるなら、宝とは呼べない。「如意無価の宝珠（何でも願いを叶えてくれる値段のつけようがない宝石）」という表現は、そういう意味である。

Q：『老経』には〈仏道は、無為（意図的に為すということがない）のままに、すべてのことが為される〉とありますが、これはどういう意味ですか？

A：仏道は、もともと、本来的に無為である。人々が須弥山《しゅみせん》のように大きい「自分が、自分が」という見方をするから、有為（意図的に為されること）が存在するのだ。この句の真の意味は、概念として理解できるものではなく、その境地に至った者のみが体験として分かることだ。ただ、修行の完成を目指すことだ。そうすれば、あるとき、大いなる悟りがあるだろう。

Q：経典に〈すべてのものは、この経典より生まれる〉とあります。「これはどういう意味ですか？」

A：［ここでは］「経典」とは心のことを言う。心はすべてのものを映し出す。修行者は誰でも、みずからの心を何にもさまたげられることなく完全に覚《さと》るという究極の正道によって、悟りに至る。あらゆる仏、あらゆる如来は、最初は自分自身の修行をして、最後に他の人々を教化するのだ。この方法で達成できないものは何ひとつない。だから〈すべてのものは、この経典より生まれる〉と言うのだ。

Q：経典に〈如来が荷物をかつぐ〉とあるのは、どういう意味ですか？

A：ただ、自分の本性を省みてみよ。いつもの状態にとどまることなく、［永遠に］存在する身体などない、ということに気付きなさい。誰が荷物をかついだりするだろうか？　仏の智慧を深く理解し、広く人々のために説くことが、正しい法《おしえ》という荷物をかつぐことである。［仏たちは］その卓越した意味を伝え、その結果としてあらゆる人々に功徳を成就させるから、〈如来が荷物をかつぐ〉と言うのだ。

Q：経典に「如来は衆生を（彼岸に）渡す」とあるのはどういう意味ですか？

A：人々の真実の本性はもともと浄《きよ》らかであるが、眼・耳・鼻・舌・身・意の六つの感覚器官が姿かたちという煩悩を作り出し、病《やまい》が生じるのだということを理解せねばならぬ。生じるということ自体がもともと空《くう》であることを観るとき、そこに渡すものなどあるだろうか？だから、如来が人々を渡す、などと言う者は、自分だとか他人だとか人々だとか［の考え］にとらわれているのだ。

Q：『金剛般若波羅蜜多』とは、どういう意味ですか？

A：「金剛《ダイアモンド》」は「姿かたちあるものの心」、「般若」は「浄《きよ》らかさ」、「波羅蜜」は「彼岸に到達すること」を意味する。

Q：〈外的な現象にとらわれなければ、如が揺らぐことはない〉［とは、どういう意味ですか］？

A：君の心が来る・去るという現象がある［という考え］を作り出すなら、それは因と縁という諸条件が合わさって起こった有為の現象であり、それはどれも、不安定なものである。

君の心がそういう考えを作り出さないなら、来る・去るという現象はない。因縁の支配を受けない無為の境地の中で、動からも不動からも離れている。これが常住である。だから〈如（真実にして変わらない本性）が揺らぐことはない〉というのだ。

Q：『温室経』に〈七種の物を使って入浴すれば、僧達ははかりしれない福徳を得る〉とあります。その福徳の意味をどうか教えてください。

A：経典に説かれていることは、確かに真実である。もし七種の物を用意し、それを使って洗えば、内面も外面が一致し、その福徳ははかりしれないものがあるだろう。

しかし、いくら七種の物で洗い清めようと、いつも心の本性をあなどり、貪《むさぼり》と瞋《いかり》を野放しにし、正しい・間違っていると言って口論し、他人を嘆き悲しませるなら、それは仏の血を流しているのであり、地獄・餓鬼・畜生の三悪道に堕ちるような悪業を常にしていることになる。これでは、まるで泥の中で洗うようなものだから、一切やめてしまうことだ。ただ身も心も浄《きよ》らかにするのだ。貪《むさぼり》や瞋《いかり》を起こさないようにすれば、自然と心が落ち着き、分け隔てをすることがなくなるだろう。分け隔てを超えた水で塵や垢をすっかり洗い落とし、浄《きよ》らかになることだ。

Q：この三毒の心をどのように退治して、六波羅蜜を完成させるのですか？

A：心を奮い立たせて一生懸命に努力せねばならぬ。三毒を退治するのに、三種の誓いを立てよ。

あらゆる悪を断つことを誓って瞋《いかり》の毒を退治し、あらゆる善を行うことを誓って愚痴《おろか》の毒を退治し、あらゆる人々を救うことを誓って、貪《むさぼり》の毒を退治するのだ。悪を断つことのできる力と、善を行うことのできる力が心の中で合わさったとき、三毒が抑制され、三聚浄戒《さんじゅじょうかい》が達成される。

次に、謙譲の心について説明しよう。人間の存在を構成する色《しき》・受《じゅ》・想《そう》・行《ぎょう》・識《しき》の五つの要素（五蘊《ごうん》）に対して、五種類の謙譲の心を起こすのだ。

一つ目は、すべての人々が仏道の修行を積んだ聖人となり、自分は凡夫となる様子を心に観ると誓うこと。二つ目は、すべての人々が国王となり、自分は庶民となる様子を心に観ると誓うこと。三つ目は、すべての人々が師僧となり、自分は弟子となる様子を心に観ると誓うこと。四つ目は、すべての人々が父母となり、自分は子どもとなる様子を心に観ると誓うこと。五つ目は、すべての人々が主人となり、自分は召使いとなる様子を心に観ると誓うことである。

六波羅蜜は、六度とも呼ばれ、布施（施しをする）、持戒（戒律を守る）、忍辱《にんにく》（耐えしのぶ）、精進（努め励む）、禅定《ぜんじょう》（心を静める）、智慧（智慧を働かせる）である。これらは六道（地獄・餓鬼・畜生・修羅・人間・天上の六つの迷いの世界）に対処するために使われる。眼・耳・鼻・舌・身・意の六つの感覚器官が浄《きよ》らかであれば、六道の迷いの世界は生ずることがない。

内面的にも外面的にも執着せず、自然と与えるとき、それが布施波羅蜜（施しの完成）である。善と悪とが等しくなり、そのどちらともとらえることができないとき、それが持戒《じかい》波羅蜜（戒律を完全に守ること）である。物事とそれを認識する智慧とが融和して、差異がまったくなくなるとき、それが忍辱《にんにく》波羅蜜（忍耐の完成）である。ありとあらゆる修行が自然となされ、静けさが一切揺らがなくなるとき、それが精進《しょうじん》波羅蜜（努力の完成）である。不思議な静けさが花開き、真理そのものとしての仏の体（法身《ほっしん》）がおのずから現れ出るとき、それが禅定《ぜんじょう》波羅蜜（静まった心の完成）である。不思議な静けさの中に悟りの智慧が開かれ、変わることがなく、究極的な常住の境地にあり、すべてに執着することがないとき、それが般若波羅蜜（智慧の完成）である。

以上を六波羅蜜と呼ぶ。波羅蜜はサンスクリット語のpāramitā（パーラミター）であり、「彼岸に到達する」という意味である。

Q：私は、俗っぽい人間なので、これまでどんな問答を聞いても、判断の心が働いて［妄《まよい》の］心を起こし、さらに煩悩を生じさせる［だけの］ものにしてしまっていました。しかし、禅師さま、あなたさまは悟りの喜びを与えてくださり、少しの疑問もない状態にしてくださいました。ご迷惑になるのではと思うので、あえて［さらに質問を］しません。

A：疑問がないのなら、無理に質問をする必要はない。問いがあって、答えがあるならば、その法《おしえ》には高低があることになる。問いもなく、答えもないとき、法《おしえ》は分け隔てなく平等だ。もし君が自分の知見を広めたいがために質問するのなら、本来の道を見失うだろう。その知識がかえって真理を知る心の壁となり、君の心を波立たせるだろう。しかし、本当に疑問があるのなら、細かいことでも質問して、本当のところをはっきりさせなければならない。

Q：『楞伽経《りょうがきょう》』に〈覚るところと覚られるところを遠く離れる〉とあるのは、どういう意味でしょうか？

A：［そのような主体・客体という］念が生まれぬとき、心は揺るぎなく安定するのである。

質問者の結びの言葉

わたしは在家の人間ではありますが、その心は早くから仏道に入っていました。今、先生が説かれるのを聞くのは、すべて真実の至高の悟りでございます。先生は誓願を達成すると決意されてから、そのお心が退却することは決してありませんでした。世俗とのしがらみをすっぱりと断ち切られ、そのお心には精神も、六識もどこにもなく、ただ本来の一なる心に統一していらっしゃいます。

先生を仰ぎ見、悟りを渇望しつつ、感涙を禁じ得ません。先生は、自己を恥じるということを教えてくださいました。悲しみのあまり泣けて仕方ありません。果てしなく昔からずっと、迷いの中でこの真理を悟れずにいた自分を心の底から恨めしく思います。もし先生の私たち下々へのお慈悲がなかったら、悟ることのできる手立てはありませんでした。

ですからこれを『大解脱論』と名付けます。この論を編集したことが、もし仏の意にかなっているならば、すべての人々にこの祝福が明かされますように。もし仏の意にかなっていないならば、その罪がぬぐい去られますように。［しかるべき］人でなければ、この論を伝授してはなりません。法《おしえ》の智慧の悪口を言って否定するために用いられることを恐れるためです。もし真に目覚め、これを伝えるのに福徳が十分そなわった人がいるならば、私たちの慈悲を惜しみなく分かち合わせてください。大いなる道の教えは軽々しく示してはなりません。また、大げさにありがたがったり、議論の的にしたりしてもなりません。ただ心を静かにし、心の内で知るだけでよいのです。そうすれば、妄念は生じることがなく、自己や物事にとらわれる心は滅するのです。

訳者あとがき

本書は、八世紀前半に中国で書かれた三編の禅文献を一九八六年にJ・C・クリアリー氏が英訳したテキストを、さらに日本語に訳したものです。

日本への禅伝来は古く、禅の研究も盛んなため、本書で紹介した三編についても既に和訳や参考書、論文が存在しています。特に、一編目の『楞伽師資記』については、筑摩書房の『禅の語録2　初期の禅史I』、二編目の『観心論』と三編目の『大乗開心顕性頓悟真宗論』については、中央公論社の『大乗仏典――中国・日本篇（第11巻）敦煌2』を参考にさせていただきました。

それらの解釈とJ・C・クリアリー氏の解釈が食い違う場合は、できる限り、クリアリー氏の目でとらえた原典の姿を再現するように努めました。

英語では、漢文をそのまま読み下して「熟語」にするというような便利なワザは使えません。たとえば、本書での「真如」の英訳は"Thusness"もしくは"True Thusness"です。これは「真にそのようであること」つまり「あるがまま」という意味です。「真」や「如」という漢字から伝わってくるイメージが噛み砕いて表現されています。

本書の中で、クリアリー氏はシンプルかつ美しい英語で、足すでもなく引くでもなく、本来の意味を見事に描き出します。冗長になるため、和訳時には「真如」などの熟語に戻しましたが、このような熟語を見ても、禅用語・仏教用語だと分類したり、暗記の対象としたりするのではなく、漢字をイメージとして観て、感じていただけたら幸いです。そのため、元の漢文が参照できる場合は、なるべく原本で使われている漢字を使うよう心がけました。

本書全編を通して、さまざまな経典の言葉、さまざまな禅師の言葉が引用されますが、本質的に言葉を超えたものを、どうにか言葉で伝えようとしているに過ぎません。『楞伽師資記』の第三部でも、慧可のこのような言葉が紹介されています。

本を読むときも、しばらく見た後は、「実践の中で試すために」さっさと片付けてしまうことです。本を捨てなければ、ただ言葉を覚えたのと一緒です。これは、水を沸騰させれば氷が手に入ると思っているのと同じくらいの見当違いです。

現代のハウツー本のような書き方ではありませんが、実践（瞑想）の方法も書かれています。特に、『楞伽師資記』の第五部（道信）や、『観心論』が参考になるかと思います。この本をしばらく見た後は、「さっさと片付け」、ぜひ実践していただきたいと思います。「真如／True Thusness」を感じていただければと思います。この本がその一助になればこれ以上の喜びはありません。

最後に、さまざまな事情から大幅に遅れてしまった翻訳作業に辛抱強くお付き合いくださったナチュラルスピリットの今井社長、ナチュラルスピリットの皆様、編集の山本貴緒氏に心から感謝いたします。

二〇十九年八月

柏木栄里子

用語集

阿修羅《あしゅら》（「あすら」とも読む）：「六道」を参照。

インドラの網／因陀羅網《いんだらもう》：華厳仏教において万物が相互に作用し合っていることを分かりやすく解説するために用いられるたとえ話。結び目の一つ一つに宝石があしらわれた大きな網を想像してみてください。宝石の一つ一つに他のすべての宝石が映り込んで、映り込んだ無数の宝石がさらに他のすべての宝石に映り込んで、と無限に映り合います。

因縁：仏教では、この世のすべての事象は、原因と結果（因果）が複雑に関わり合って成立していると考えます。

縁覚《えんがく》：孤高の仏。原因と結果（因果）を観察することによって、ひとりで悟りを開いた聖者です。世の中に出て他人に教えを説こうとはしません。

業《カルマ》：活動、行為。仏教の教えでは、今、現世で経験していることは、過去世で自分がなした行為（業《ごう》）の報いであると考えます。

五蘊《ごうん》：物質界と精神界の両面にわたるあらゆる存在の構成要素を五つの集まりに分けて示したもの。色《しき》（物質的存在）、受《じゅ》（感覚）、想《そう》（想念）、行《ぎょう》（意志）、識《しき》（認識）。

西方極楽浄土《さいほうごくらくじょうど》：阿弥陀仏《あみだぶつ》の浄土。仏の名を唱え念仏することによって、信仰厚い者が往生する安楽の地。

三界《さんがい》：欲界・色界《しきかい》・無色界《むしきかい》の三つの世界。欲界は欲望にとらわれた一般の人々が生きる世界のこと。色界《しきかい》は、瞑想の中で見られる、欲望を離れた中立的な物質の世界のこと。無色界《むしきかい》は、最も精妙な瞑想状態で、無限の意識であり、無限の空間であり、完全なる無であり、念が有るのでも無いのでもない状態です。仏たちはこの三界での輪廻から解脱しています。

三宝《さんぼう》：仏《ぶっ》・法《ぽう》・僧《そう》。「仏」は真理を悟った者、「法」は仏《さとり》の教え、「僧」は仏道修行をする僧の集団（僧伽《サンガ》）を意味します。

三昧《さんまい》：サンスクリット語のsamādhi《サマーディ》の音写。瞑想で精神集中が深まりきった状態。心が真理に集中していること。

止観《しかん》：止（サマタ）と観（ヴィパッサナー）。天台宗で説かれる二つの瞑想法で、止と観は、互いに他を成立させる不離一体の関係にあります。止とは、心の揺れ動きを止めることで、観とは、原因と結果（因果）のパターンを観察し、ものごとの究極的な真実の本質を見きわめることです。

識《しき》：禅では、大乗仏教の唯識学派による八識という見解をとり入れています。最初の五種類の識は、眼識・耳識・鼻識・舌識・身識で、五感に対応します。第六識は意識で、経験のデータを分別、分類します。第七識は末那識《まなしき》で、価値判断とそれによる行動の動機付けが含まれます。第八識は阿頼耶《あらや》識《しき》、またの名を蔵識《ぞうしき》と言い、ありとあらゆる心理状態、感覚、経験が格納される倉庫のようなものです。禅の修行では、特に第六意識と第七末那識《まなしき》を浄《きよ》め、変容させようとします。世間の人々の第六識と第七識は我欲や妄想に染まり、悟りを妨げる壁として働いているからです。

十地《じゅうじ》：菩薩（「菩薩」を参照）の修行のレベルを十段階に分けたもの。『華厳経』には、歓喜地《かんぎじ》、離垢地《りくじ》、発光地《はっこうじ》、焔光地《えんこうじ》、難勝地《なんしょうじ》、現前地《げんぜんじ》、遠行地《おんぎょうじ》、不動地《ふどうじ》、善想地《ぜんそうじ》、法雲地《ほううんじ》が挙げられています。

須弥山《しゅみせん》：サンスクリット語のSumeru《スメール》の音写。仏教の宇宙観において、各世界の中心にそびえる大きな山。メール山、スメール山とも呼びます。

乗《じょう》：仏教の教えは人々を悟りへと赴かせる乗り物にたとえられます。二乗とは、声聞《しょうもん》（「声聞」を参照）乗と縁覚《えんがく》（「縁覚」を参照）乗であり、これらの者は教えの意味を完全には悟っていません。三乗とは、これら二乗に菩薩乗を加えたものです。『法華経』では、三乗とは一乗に導くための方便に過ぎず、真実としては、すべての人々を乗せて悟りへと導く一乗《いちじょう》、すなわち仏乗《ぶつじょう》のみがあると説きます。

声聞《しょうもん》：「(仏の) 声を聞く者」で、仏教の教えのごく初歩の段階しか理解していない人のこと。この段階の修行者は、涅槃を輪廻の対極に位置するものだとみなし、空《くう》や止《し》（心の動きを止めること）といった体験にとらわれます。

真如《しんにょ》：真理そのもの、万物の本質、永遠不変で虚妄がありません。仏性《ぶっしょう》、法身《ほっしん》、自性清浄心《じしょうしょうじょうしん》、如来蔵《にょらいぞう》、法界《ほっかい》の同意語にあたります。

『荘子』：紀元前三〇〇年頃に著された中国古典哲学で最も深遠な書籍。仏の教えに匹敵することから、仏教信者の間でよく読まれています。

如来《にょらい》：仏の別名。「真如（「真如」を参照）より来たる者」。

涅槃《ねはん》：サンスクリット語の nirvāṇa《ニルヴァーナ》の音写。すべての煩悩を滅し尽くした安楽な境地。迷いからの解脱。初歩の段階では、涅槃は輪廻の対極とみなされていますが、菩薩（「菩薩」を参照）にとっては、涅槃と輪廻はひとつのものです。

波羅蜜《はらみつ》：サンスクリット語の pāramitā《パーラミター》の音写。「到彼岸《とうひがん》」ともいい、布施波羅蜜（施しの完成）、持戒波羅蜜（戒律を完全に守ること）、忍辱《にんにく》波羅蜜（忍耐の完成）、精進波羅蜜（努力の完成）、禅定《ぜんじょう》波羅蜜（静まった心の完成）、般若波羅蜜（智慧の完成）があります。菩薩（「菩薩」を参照）が彼岸《さとり》に到達するために行う基本的な修行です。

般若《はんにゃ》：サンスクリット語の prajñā《プラジュニャー》の音写。主体—客体の二元的思考から解放され、真理を見通す超越的な智慧。

普賢菩薩《ふげんぼさつ》：「普《あまね》く一切にわたって賢い者」と名付けられた菩薩（「菩薩」を参照）。釈迦仏を中尊とし、（中尊から見て）右側の脇侍として真理を象徴する普賢菩薩、左側の脇侍として智慧を象徴する文殊菩薩という形式で描かれることが多くあります。

仏身《ぶっしん》：仏のあり方のさまざまな側面を仏がとる姿として表したもの。一般的には法身《ほっしん》、化身《けしん》、報身《ほうじん》の三身とされます。法身《ほっしん》は、姿かたちをもたず人知を超えた絶対的存在、一なる真理、あらゆる個物のおおもと。化身《けしん》とは、仏がこの世の人々を教え導くために人々の前に現れるときにとる姿。報身は、菩薩が修行の報いとして受ける姿で、至福の境地と、至福を人々に伝える力が特徴です。

仏塔《ぶっとう》：サンスクリット語のstupa《ストゥーパ》の訳で、卒塔婆《そとば》ともいいます。仏の遺骨を安置した記念碑で、一般的な仏教では、礼拝の対象として用いられます。

法《ほう》：サンスクリット語のdharma《ダルマ》の漢訳。この言葉は多くの意味をもちます。この世に存在するすべてのもの——もの、こと、概念などすべて——は法です。法は、真理そのもの、また真理の教えを指すこともあります。仏法は、仏が説いた教えと、（教えで説かれる）仏が悟った真理の両方を意味します。

菩薩《ぼさつ》：悟りを目指す者。菩薩は、自分が悟りを開いた後も世間と積極的に関わり、その悟りの智慧をもって、他の人々を悟りに導こうとします。

菩提《ぼだい》：悟り。真理を悟ること。

法身《ほっしん》：「仏身」を参照。

仏／仏陀：大乗仏教では、誰もが（潜在的には）仏（悟った者）である——すべての人が仏性《ぶっしょう》（もともとそなわっている仏としての本質）をもっていると考えます。より狭義には、この仏性《ぶっしょう》を現実世界に顕現した者、つまり悟った者のことを仏と言います。たとえば、インドの聖者である釈迦《しゃか》牟尼《むに》（歴史上の人物としての仏陀）などです。

四元素《よんげんそ》：この世のすべての物質は火・水・土・空気の四つの要素で構成されるとする古代思想。

輪廻《りんね》：生まれては死に、死んではまた生まれと、まるで輪を描いて元に戻る車輪のように転生を繰り返すこと。生死《しょうじ》。

六道《ろくどう》：生きとし生けるものが輪廻転生して、地獄の住人、餓鬼、畜生（動物）、阿修羅（争いを好む鬼）、人間、または天人の六種のいずれかとして生まれ変わること、またはその世界。六趣、六界ともいいます。

『老子』：『道徳経』、『老子道徳経』ともいいます。紀元前三世紀の道教の格言集で、自己と社会を自然の流れにいかに調和できるかを説いています。

【著者（英訳者）について】

J.C. クリアリー（J.C.Cleary）

ハーバード大学東アジア言語・文明学の博士号を取得。『碧巌集』をはじめとする数々の禅文献を中国語から英語に翻訳。兄弟トーマス・クリアリーとの共訳も多数。

【訳者について】

柏木栄里子（かしわぎ えりこ）

英日翻訳者。テクノロジー系企業の社内翻訳者としての勤務を経て、2011 年にフリーランス翻訳者となる。14 年以上の翻訳経験を元に、原著者の意図に忠実でありながら、読みやすい翻訳を心がけている。本書の翻訳にあたり、日本で一般的な解釈と J.C.クリアリー氏の解釈が食い違う点について苦労したが、なるべく、J.C.クリアリー氏の目でとらえた原典の姿を再現するように努めた。

禅の夜明け
——敦煌で発見された初期の禅の文献——

●

2019年9月23日　初版発行

著者（英訳者）／J. C. クリアリー
訳者／柏木栄里子

編集／山本貴緒
本文デザイン・DTP／山中 央

発行者／今井博揮
発行所／株式会社ナチュラルスピリット
〒101-0051 東京都千代田区神田神保町3-2　高橋ビル2階
TEL 03-6450-5938　FAX 03-6450-5978
E-mail　info@naturalspirit.co.jp
ホームページ　https://www.naturalspirit.co.jp/

印刷所／中央精版印刷株式会社

ISBN978-4-86451-316-6　C0010